伝える仕事

池上彰

講談社

はじめに

一九七三年に記者生活を始め、二〇二〇年で四七年となりました。

若い頃は現場で取材できることが嬉しく、視聴者にどのように伝えるかなど念頭にありませんでした。書いた原稿は、デスクと呼ばれる上司のチェックを経てOKが出なければ放送されることはありません。デスクのチェックを、どうすれば通過することができるのか。そればかりを考えていました。私の目は視聴者よりデスクを向いていたのです。

その後、思いがけずニュースキャスターになってしまいます。ここで初めて視聴者に伝わるとはどういうことかを考えるようになりました。

キャスター生活を五年経験すると、また思いもかけずに、今度は子ども向けニュースを担当することになりました。これが一一年間。子どもにもわかるニュースとは、どのようなものなのか。試行錯誤の日々でした。

そして二〇〇五年三月、早期退職制度を利用してＮＨＫを退職。それ以来、フリーランスのジャーナリストとして、「伝える仕事」に従事してきました。

この本では、そんな私の「伝える仕事」の経験を読者の皆さんにお伝えします。読者のあなたも、常に何かを誰かに「伝える」ことをしているはずです。どうすれば伝えることができるか悩んでいる人もいらっしゃるでしょう。私の試行錯誤の経験が少しでもお役に立てれば幸いです。

目次

カバー写真　森　清
ブックデザイン　鈴木成一デザイン室

伝える仕事

1 深夜にニュース原稿を書き写した

地方記者に憧れた

人生の方向を決めたのは、小学校六年生のときに出合った一冊の本でした。『続　地方記者』という朝日新聞社から出たノンフィクションです。朝日新聞の地方支局に勤務している記者たちが、どのような取材活動をしているかを描いていました。

ライバル社と抜きつ抜かれつの特ダネ競争を繰り広げたり、殺人事件の容疑者に警察より先に接触して自首を呼びかけたりと、小学生の私には想像を超える世界でした。こんな仕事をしてみたい。単純にそう思ったのです。

当時、テレビのニュースといえば、ＮＨＫの夜七時のニュースくらいのもの。民放にはほとんどニュースがありませんでした。記者といえば新聞記者でした。

それでも大学に入って就職活動を始める頃になると、テレビニュースの放送時間も次第に増えてきました。とりわけ衝撃的だったのは、大学三年の終わりの一九七二年二月に起きた「あさま山荘事件」でした。群馬県の山中で「日本革命」のために軍事訓練をしていた連合赤軍のメンバーが、警察に追われて長野県の軽井沢に逃げ込み、河合楽器の保養所「あさま山荘」に管理人の妻を人質に立てこもったのです。

連合赤軍は、事件の前に銃砲店を襲撃して銃を入手していました。山荘を取り囲んだ長野県警や警視庁の警察官に向かって銃を発砲します。

管理人の奥さんは無事だろうか。彼らはどうなるのだろう。日本中がテレビに釘付けになりました。NHKをはじめテレビ局各社は朝から晩まで中継です。

これを見ているうちに、これからはテレビの時代かも知れないと思うようになりました。

そこで進路を新聞社から放送局に変更。NHKを受験しました。NHKは新人を全員地方の放送局に配属します。「地方記者になりたい」という願いが、形を変えて実現すると考えたのです。

当時のマスコミの入社試験は、英語と一般常識、それに小論文（あるいは作文）の三点セットでした。

英語の試験は、それほど難問ではないので特別な準備はしませんでした。一般常識は、大学で同じようにマスコミを志望している仲間と問題を出し合って学びました。

問題は小論文や作文です。小論文は、何事かを短い文章で論じることが求められます。これに対して作文は、必ずしも何かを論じる必要はありません。むしろエッセイ（随筆）と呼んでいいような文章が求められています。単なる印象ですが、当時も今も、新聞社は小論文、放送局は作文が多いような気がします。

文章力をつけるにはどうしたらいいか。まず第一に、とにかく良い文章を大量に読むことです。そこで、新聞一面下にあるコラムをまずは熱心に読むことから始めました。当時は、名文といえば朝日新聞の「天声人語」と決まっていました。歴代の名文記者が、思う存分に筆を振るっていたからです。

かくしてNHKの入社試験に滑り込みましたが、後に聞いたところでは、合格者の中で最下位レベルだったそうです。入社を認めるかどうか議論もあったらしいと聞きました。

ＮＨＫに入ると、当時は二ヵ月間の研修を受けました。東京都内にあるＮＨＫの研修所で合宿しながらの研修です。

当時はパソコンもワープロもない時代。放送用の原稿用紙を渡され、ボールペンで原稿を書きます。書き終わった原稿を研修所の先生に渡すと、赤鉛筆で文章を直されます。原稿用紙が真っ赤になってしまうこともしばしばでした。

パソコンですと、キーボードを打っていくのですが、手書きですと、文字通り〝手に覚えさせる〟という感覚が身につきます。いい原稿の流れを手に覚えさせていけば、スラスラと書けるようになります。

民放テレビでは、こうした長期間の研修はないようですが、文章修業として二ヵ月は短過ぎます。結局は、現場に出て実践的に学ぶことになりました。

ラジオ用の原稿を書く

ＮＨＫに記者として採用され、島根県の松江放送局に赴任、現場での文章修業は、ラジオニュース用の原稿から始まりました。

民放テレビの記者はテレビ用の原稿を書けばいいのですが、ＮＨＫはラジオニュースも放送しています。そこで記者はまずはラジオ用の原稿を書くのです。

ラジオニュースのデスクがそれをチェックし、場合によってはニュース時間に合わせて短くしたりして、アナウンサーに渡します。「デスク」という表現を使いましたが、これは現場の責任者のこと。記者は本来外で取材するものなのに、デスク（机）に向かって部下の記者が書いた原稿を直している、という意味でこう呼ばれるようになりました。デスクは記者が書いた原稿の中身が正確かどうか、言い回しにおかしなところはないか、文法的に間違っていないかをチェックします。さらに取材記者に追加取材を命じるなど取材指揮も取ります。

ラジオ用の原稿は新聞記者が書くものに似ています。動く絵がないので、聞いている人が理解できるように、詳細な描写が必要になるからです。たとえば何かの集会であれば、参加者の年齢層や男女比、服装の様子などを丁寧に書き込まなければなりません。主催者挨拶であれば、その内容を要約して文章にしなければなりません。結果として、観察力の強化につながりました。

電話送稿は悲喜劇を生んだ

ＮＨＫ記者も全国紙の新聞記者も、最初は地方に配属されます。最初に担当するのは警察と検察と裁判所というのが一般的です。大きな事件や事故の一報は、まず警察に入ってきます。住宅街に猿が出没しても警察に連絡が入ります。世の中のさまざまな出来事を摑むには警察を担当するのが一番だからです。

警察官や検察官は口が堅いもの。捜査状況など簡単には話してくれません。広報体制も整備されていません。こうした人たちと付き合うことで、取材力が身につくのです。

私が初任地の松江放送局で一年目に担当したのは、松江警察署と島根県警察本部、松江地方検察庁、広島高等検察庁松江支部、松江地方裁判所に広島高等裁判所松江支部でした。松江には高裁と高検の支部があったので、地方裁判所ばかりでなく高裁の裁判も取材することができました。

また、「お前、経済学部の出身だったな」というデスクの一言で日本銀行松江支店も担当させられました。日銀松江支店は、島根県ばかりでなく鳥取県も含めた山陰経済の概況について定期的に発表します。この発表を聞いて原稿を書くことにもなりました。

取材が終わると、いったん島根県警の記者クラブの部屋に戻り、放送用原稿用紙に書いていきます。通常の原稿用紙は一行が二〇文字で二〇行の計四〇〇字。一マスずつ文字を埋めていきますが、放送用はそうではありません。A４サイズの横長の用紙に縦一〇行の線が入っているだけ。一行につき最大で一〇文字程度の文字を書くことが可能ですが、実際にはもっと分量が少なくなります。たとえば、以下のような文章になります。

「島根県警察本部は、きょう
　松江市〇〇町の暴力団員
　　□□△△容疑者を

覚せい剤取締法違反の疑いで
　　逮捕しました」

アナウンサーが視線を大きく動かさないで済むように、このような配置で書くのです。行と行の間は大きく空いていて、デスクが赤鉛筆で書き直すスペースを確保します。

原稿を書き上げると、放送局に電話し、原稿を書き取る担当者に向かって文章を読み上げます。ファックスすらない時代ですから、電話で原稿を送るのです。これを電話送稿といいました。

電話でのやり取りですから、ときには悲喜劇も起きます。「い」なのか「え」なのか発音がはっきりしない記者だと、原稿を書き取る側も大変です。

「井戸の〝い〟」

「江戸の〝え〟ですか？」

「井戸の〝い〟」

「江戸の〝え〟ですよね」

というわけです。

島根県の隠岐《おき》の島で事故が起き、けが人が運ばれたというニュースでは、聞き手が書き取った原稿では「けが人はタンカーで運ばれました」となっていました。元の原稿は「けが人は担架で運ばれました」だったのですが。島での事故ですから、原稿をチェックしたデスクが、「タンカーで運ばれました」という原稿に違和感を覚えなかったというわけです。

深夜、原稿を書き写した

新人記者として仕事を始めたものの、原稿を書くのは苦労です。簡にして要を得た、という描写がありますが、そんな原稿は簡単に書けるものではありません。毎回悪戦苦闘です。私が電話で送った原稿は、放送局にいるデスクが赤鉛筆で修正します。原稿にする上で要素が足りなければ、デスクから電話。取材内容を根掘り葉掘り聞き出されることもありますし、取材が不足していたら追加取材を命じられます。

原稿を書く上で大事な要素は「５Ｗ１Ｈ」と呼ばれます。いつ（ＷＨＥＮ）、どこで

（WHERE）、誰が（WHO）、何を（WHAT）、なぜ（WHY）、どのように（HOW）したのかを明らかに書く必要があるというわけです。

これが欠けていては完全な原稿にはなりません。この点は徹底的に指導されます。この基礎を学んだ上で、自分なりの文章表現を工夫していきます。

デスクに直された原稿をアナウンサーが読み上げますが、それを聞いているだけでは、自分の文章がどう直されたか、はっきりとはわかりません。そこで深夜、放送局に上がり、自分の原稿がどう直されたのか、チェックすることにしました。

いま私は「放送局に上がり」という表現をしました。本来なら「放送局に戻り」とでも言うべきでしょうが、警察担当の記者は、毎朝、直接警察に出勤するのです。放送局には立ち寄りません。警察での仕事が一段落した後で放送局に行くので、「上がる」という表現を使うのです。

自分の原稿をチェックに行くのは深夜の一一時か一二時頃。当直の記者がいるだけなので、デスクには知られることなく、直された自分の原稿を読み返すことができるからです。原稿は、しばしば真っ赤に直され、原形を留めていませんでした。

そこで、デスクが手を入れた文章を、書き写しました。それにより、どのような文章が合格点を得るのか、手に覚えさせたのです。

ついでに先輩記者たちの原稿を書き写すこともありました。文章の上手な先輩に早く追いつきたいと思ったからです。

全国ニュースを録音して書き起こした

当時は、夜の一〇時からのラジオの全国ニュースを録音しておいて、帰宅してから書き起こすこともしていました。

というのは、松江放送局で書く原稿は、地元島根県のニュースです。「田植えが始まりました」「子どもたちがこんなことをして遊びました」というローカルな話がもっぱらです。政治の話といっても、たとえば、「島根県は来年度、圃場《ほじょう》整備に〇億円を計上することになりました」といった類の話です。ちなみに「圃場整備」とは、既成の畑や田圃《たんぼ》の区画整理をして農道を整備したりすることです。都会にいると決して聞くことのない用語でした。

これに対して全国ニュースは、「政府は、～することになりました」「国会は○○法案の審議をめぐり……」という政治の世界の話が流れます。国際ニュースも登場します。いまは松江にいますが、いずれ一度は東京で仕事をしてみたい。そのためには、ローカルニュースの原稿だけでなく、全国に流れるニュース原稿も書けるようになっていなくてはならない。そのための訓練でした。

2 文章の中の「私」について考えた

文章の「師」と仰いだ人たち

駆け出し記者時代、上手な文章とはどんなものか、常に考えていました。文章が上達するためには、良き師を見出すこと。私が勝手に「師」と仰いだ人の中に、朝日新聞の深代惇郎《ふかしろじゅんろう》さんがいました。

深代惇郎さんが朝日新聞一面下のコラム「天声人語」を担当し始めた頃から、筆者の名前は知らないまま、その名文のファンになりました。歴代筆者の中でも抜きんでた名文家でした。彼が担当したのは一九七三年二月から一九七五年一一月までの僅《わず》か二年九ヵ月でした。急性骨髄性白血病のため四六歳の若さで世を去りました。

私が記者になったのが一九七三年四月ですから、深代さんが「天声人語」を書くようになって間もなくのことでした。いまの朝日新聞は「天声人語」の筆者名を公表していますが、当時は匿名でした。それでも、あまりの名文に名前は漏れ伝わっていました。

先にも述べたように文章上達の近道は、上手な文章を大量に読むこと。毎朝の新聞に必ず掲載されているわけですから、教材として最適でした。

「天声人語」のようなコラムの文章と、私がふだん書いていた事実を伝えるニュース原稿は、別の種類のものです。仕事に直結するわけではありません。でも、ものを書く仕事をしている以上、読ませる文章を書けるようになりたいという思いがありました。

深代さんの「天声人語」でまず学んだのは、「筆の運び方」です。

伝えたいことがあるから文章を書くわけですが、そのためにはまず何から書けばよいのか。みんなに関心を持たれているテーマや衝撃的な話なら、いきなりその話から始めてもいいでしょうが、そうでなければ、それではなかなか読んでもらえません。

まず「あれっ」と読み手に思わせる「摑み」となる話から入り、それを展開していきながら読者を自分の言いたいところに誘導する。文章のうまさとは、そんな筆の運び方に表れるのだ。そんなことを、深代さんの文章は教えてくれたのでした。

深代さんの文章からは、それ以外に、文章の起承転結というのはどんなものかということ、そして洒脱《しゃだつ》な文章を織り交ぜるやりかたも学びました。

洒脱ということでいえば、いまでも覚えているのは、一九七三年、田中角栄首相の時代に書かれた「天声人語」です（一〇月三一日付朝刊）。この日のコラムはこう始まります。

「大きな声ではいえないが、ふとしたことで盗聴テープが筆者の手に入った。驚いたことに、先日の閣議の様子がそっくり録音されているではないか」

閣議の話題は、支持率が低迷する内閣の人気をどうやって上げるか。当時はゴルフ人口一〇〇〇万人とも言われたゴルフブームの時代、人気回復にはゴルフ庁創設がいい。ではどこの役所の管轄になるのか。利権をめぐり、大臣がめいめい自分の省庁にひっぱろうとして、結局、「ゴルフ庁設置に関する審議会」設置を決めたところでテープは終わっている、と書かれています。コラムの最後は、こう結ばれています。

「あのテープ、どこにしまったのか、その後いくら捜しても見つからない」

このコラムは大きな反響を呼びました。その大きな理由は、翌日の「天声人語」で、田中内閣の二階堂進官房長官から「厳重な申し入れ文書」がきたことを披露（暴露）したからです。

「最近の閣議の様子があたかも真実であるかのごとく述べられているが、これは一切事実無根であり、国政の根本を議する閣議について、国民に重大な誤解と疑惑を与えるものである」（一一月一日付朝刊）という内容だったそうです。

田中内閣にもなかなかのユーモアのセンスがある……と思ったら、この「申し入れ」はユーモアによる返答ではなく、本気になって怒った結果のものだったというのですから、驚きです。どうみても上質なユーモアだったコラムに怒って抗議してくる政治家の姿は、実に滑稽でした。

ジャーナリストたるもの、上品な政治風刺ができることも能力のひとつだと深く感じ入ったのです。こんなコラムが書ける記者になりたい。痛切な思いでした。

文章に「私」を入れること

森本哲郎さんの文章に出合ったのは、大学時代、マスコミ受験の小論文対策で各種の名文を読んでいたときです。

森本さんは、朝日新聞で学芸部、週刊朝日の編集部などを経てフリーになり、評論家として活躍した人です。初めて読んだ本は朝日新聞の現役時代に執筆したものでした。何気ない文章の背景に膨大な知識があることが感じられて、知的な文章とはこういうものかと思いました。

特に印象に残っているのは、一九七九年に出た『「私」のいる文章――発想・取材・表現』です。森本さんが朝日新聞を辞めてから出た本です。

当時私は、二番目の赴任地である呉通信部から東京の報道局社会部に転勤してきた頃でした。松江放送局時代にも呉通信部時代にも、時間が許せば書店を覗いていました。そこで文章術に関する本があれば必ず購入したものです。文章の上手な記者になりたい。そんな切実な思いを持っていたからです。

そんな私にとって、この本は衝撃的でした。世間一般の名文と、新聞記者の世界の「名文」とは、まったく異なるものだと書いてあったからです。

森本さんは、記者になって名文を書こうと努力します。

〈ぼくもかつて、いっぱし名文を書こうと苦心さんたんして形容詞をえらび抜き、文体を工夫し、大いに気負ってデスクに出稿したことがある。するとデスクは、いとも無造作に、青エンピツでぼくの原稿の不用な箇所をけずって、半分くらいの長さに縮めて整理部にまわした。それは、まったく涙が出るほど非情な仕打ちだった。というのは、デスクがけずった箇所は、例外なく、ぼくが最も苦労して考えた形容詞であり、読者が感銘してくれるであろうと思った部分だったからである〉（引用は新潮文庫版による、以下同）

この仕打ちに若き森本記者は抗議します。するとデスクは次のように言ったというのです。

「だいたいきみの記事は、いつも余計なことが多すぎる。形容詞はいらんのだ。かんじんなことが、はっきり書かれていればそれでいい。名文？　名文なんて新聞には必要ない。新聞記者にとって名文というのは、だれが読んでもわかる文章、簡潔にこといのしだいを述べた文章、そのことだ」

この発言を受けて、森本氏はこう書きます。

〈文章の味のわからんこんなデスクに、ぼくはひどく腹を立てたものだが、やがて、このデスクのいったことが至言であることに気がついた。気がついたというより、思い知ったというべきであろう。それは自分がデスクになり、青エンピツを握ったときである。ぼくのもとに提出される原稿のなかには、よく〝名文〟がまじっていた。たしかにそれはさんざん考えぬかれた文章だった。が、そういう〝名文〟にかぎって、文中に「私」がちらちらと見え、意味がどうとも受けとれるような構文になっていた。じっくりと読んだなら、おそらく味わいのある文章にちがいない。けれど、速読してすらっと意味がとれる文章でなければ、それは記事とはいえない。ぼくは、かつて自分の文章をけずられたときのように、非情にその〝名文〟をズタズタに切り裂いた〉

どうすれば名文を書けるようになるだろうかと悩んでいた私にとって、自分の悩みは無意味だと言われた気がしました。

その森本氏も、やがて、そんな文章の書き方に愛想が尽きます。

〈こうして、ぼくは二十数年にわたって、自分の文章のなかから「私」を取り払う努力をつづけた。そしてある日、とうとう、そういう文章をこれ以上書くのがいやになってしまった。五十歳になって、ついに「無私」の文章に耐えられなくなったのである。ぼくは、こんどは自由に「私」のいる文章を書きたいと思った。そして新聞社をやめた〉

ところが、辞めてみて、あることに気づきました。

〈だが――すっかり「無私の文章」になれてしまったぼくは、いまさらのように「私」のいる文章を書くことのむずかしさを思い知った。そう、すくなくともぼくにとっては、「私」のいる文章よりも「私」のいない文章のほうが、ずっと容易になってしまったのである〉

これはショックな言葉でした。私もNHK記者として、「無私の文章」を書く訓練を受けてきたからです。これでは将来、自分も「私」のいる文章を書けなくなってしまうのではないかと不安になりました。

当時なぜ不安になったのか。いまから思えば、私の中に、将来は独立して文筆で生計を立てられるようになりたいという思いがすでにあったからではないかと推測するのですが。名文とは何か、文章を書くとはどういうことか。それを深く考えさせられる読書体験でした。

その後、独立して池上彰個人として文章を書くようになり、森本さんが書いていたように「私」というものの扱いが実に厄介であることに気づきます。客観報道でやってきたので、「私は〜だと思う」という文章が書けなかったからです。中途半端に「私」が入ってしまうと、情緒的で曖昧な文章に堕してしまうことを知りました。表面上、「私」という言葉は出てこないけれど、文章の深層に「私」がある。そんな文章を書きたいというのが、いまも私の課題です。

書く前に喋ってみる

この『「私」のいる文章』に書かれていることで、いまも実践していることがあります。それは、原稿を書く前に周りの人に喋ってみる、ということです。

〈新聞記者をやっていたとき、取材先から帰ってくると、ぼくはいつも同僚の記者を喫茶店へ誘って、そこで取材してきた話をぜんぶしゃべることにしていた。ぼくの話を何度か聞かされた同僚は、不思議そうな顔をして、こういった。

「原稿を書く前に、そんなふうに話しちゃっていいのかい。ぼくは記事を書く前に人に話をしちゃったら、もう書けなくなってしまうけどな。きみは反対だな。黙っていられない性《たち》なんだな」

たしかに、取材したものを自分ひとりの胸のなかに温めて原稿で勝負する、という記者のほうが多いようである。けれど、ぼくはそれでは心細いような気がするのだ。まず、同僚の記者をつかまえて、いや、同僚でなくても、ガールフレンドでもいい、ともかく、だれかに話してきかせるのだ。話をしているうちに、原稿の組立てができる。そのとき大事なのは、相手の顔つきである。話がおもしろくなければ、相手はコーヒー一杯ぐらいで辛抱してくれるわけがない。正直に顔に出る。相手のその表情を読みながら、ぼくはひとりでうなずくのである。

はは あ、こんな話し方じゃだめなんだな。なるほど、こんな点に相手は興味を持つのか。じゃあ、そいつを冒頭に書きこんだらどうだろう〉

つまり、書き始める前に他人に話してみることで話の筋道を考え、相手の表情で市場調査をする、というわけです。

ＮＨＫ社会部の先輩記者にも、こういうタイプの人がいました。取材先から帰ってくると、同僚記者を捕まえては、取材内容を喋るのです。「おしゃべりな人だなあ」と思っていたのですが、「森本流」に同僚に喋りながら、原稿の内容をまとめていたのですね。

私も「週刊こどもニュース」を担当するようになってからは、子どもたちに説明する内容を、事前に大人のスタッフに喋ってみて、その反応を見て話の流れを修正していました。

『戦場の村』に触発された

記者としての文章力や取材力を身につけようとする中で大いに触発されたのが、やはり朝日新聞記者だった本多勝一《かついち》さんの一連の作品です。

本多勝一さんの本は、高校生のときから読んでいました。いまから思えば、彼のルポルタージュは文化人類学のフィールドワークのような内容でした。『カナダ＝エスキモー』『ニューギニア高地人』『アラビア遊牧民』など遠い未知の世界の人々の生活は、ワクワクするものでした。

深く引き込まれたのは、ベトナム戦争を描いた『戦場の村』（一九六八年）です。朝日新聞の連載（「戦争と民衆」）をもとにしたものです。最終章では、南ベトナム民族解放戦線の中に入り、ともに行動しながら彼らがどんなことを考えているのかを伝えていました。

解放戦線は、いわゆるゲリラ闘争を展開していて、日々のニュースでは「謎に満ちた危険な集団」というイメージがありました。それが、本多さんの文章を通じて彼らの論理や思いが見えてきます。発生するニュースをただ追いかけるのではなく、取材対象者の中に入り込んで、彼らの内在的論理を知ること。その大切さを知りました。

一方で、いまでも文章術の本として名高い『日本語の作文技術』（一九七六年）は、わかりやすい達意の文章はどう書くか、ということを考えさせられる本です。

この本で説かれているのは、言葉の修飾、句読点、助詞、段落の使い方などごく基本的なことです。私が読んだのは、記者になってだいぶたってからですが、自分がふだん無意識にやっていることは理論的にはこういうことなのだと確認できました。

たとえば、形容する語とされる語はできるだけそばに置くとか、修飾する言葉の順番は、長い言葉を前に、短い言葉を後ろにするなど、わかりやすい文章を書こうとして悪戦苦闘していたことが、こういうルールに基づいていたのか、と腑《ふ》に落ちたものです。

社会部記者になった

ＮＨＫ記者の人事ローテーションは五年ないし六年が標準です。東京で新人として採用された記者は、まず全国各地の放送局に配属され、五〜六年勤務した後、次の放送局に転勤します。初任地の次に東京に転勤する者もいれば、さらに別の放送局に異動する者もいます。私の場合、呉通信部にいる間に、「次は政治部に行かないか」との打診がありました。いまになってみると、これは記者としての仕事ぶりが評価されたということらしいのですが、当時の私に政治部は選択肢にありませんでした。政治部記者というと、「政治家と仲良くなる」というイメージがあって、気が進みません。「社会部に行きたいのです」と返答しました。

その希望が叶い、NHKに入って七年目の一九七九年、東京の報道局社会部に転勤しました。通信部記者からいきなり東京の報道局への異動というのは、当時は珍しく、呉で一緒に仕事をしていたライバルの新聞記者やテレビ局の記者たちが送別会を開いてくれました。

いよいよ東京での勤務。とはいえ、東京にずっといることは考えられません。いずれまた地方局に転勤する。それまでに、どれだけ記者としての基礎を築くことができるか。武者震いする思いで東京にやって来ました。

3　テレビの表現の基本は現場リポートで学んだ

池上はカメレオン

地方勤務を経て東京の報道局社会部に異動。その後、社会部記者を一〇年経験しました。社会部記者の平均的な在任年数は五年程度。その倍の期間いたのですから、いささか異色ではありました。

社会部記者としての経験が長くなってきた頃、後輩の記者から、「池上さんは社会部の後輩たちからカメレオンと呼ばれていることを知っていますか？」と打ち明けられました。なんということ！　爬虫類《はちゅうるい》に例えられるとは、けっして名誉なことではありません。自分が陰で何と呼ばれているのか、意外にわからないものです。

社会部記者というのは、その多くが偽悪的なところがあります。これはＮＨＫだけでなく、他社の社会部も似たりよったりではないでしょうか。世の中の悪を摘発するのが本業だと自負している一方で、その気持ちを正直に出すのは恥ずかしく、わざと悪ぶってみせるのです。また、物事を額面通りに受け取ることを潔しとしないというのも特徴です。あまり素直だと仕事が務まらないということなのでしょう。

そんなプライドと自負心からでしょうか、長幼の序をわきまえることなく、先輩に対する敬意を見せない記者たちが多かったのです。当時は、先輩だろうが後輩だろうが、皮肉な、あるいは意地悪なあだ名をつけて面白がっていたものです。

当時、社会部にいた私の同期のひとりのあだ名は「マムシ」。もうひとりは「マングース」でした。そして私は「カメレオン」というわけです。

「マムシ」と呼ばれた同期の記者は特ダネ記者として勇名を馳せていました。他社からも一目置かれていました。ネタ元に食いついたら離さないという意味で、こう呼ばれたのです。

もうひとりも特ダネ記者でした。後輩たちは、二人の特ダネ記者をライバル関係にあると勝手に決めつけ、獰猛《どうもう》な爬虫類とその天敵の名前をつけて面白がっていたのです。

これに対して私は、同期二人のような特ダネ記者ではありませんでした。もちろん特ダネを書くことはありましたが、二人ほどの迫力はなかったのです。

とはいえ、警視庁時代には殺人事件を担当し、遊軍になると一転して消費者問題を取材したり、災害が起きると現場からリポートしたりするという経験を積んできた様子を、「変わり身が早い」と皮肉ったのでしょう。

印象の悪いあだ名ですが、「どんな環境でも記者として生き抜いていける」という誉《ほ》め言葉なのだろうと勝手に解釈することにしました。

その後、ニュースキャスターになり、さらに「週刊こどもニュース」の〝お父さん〟役を務めることになるのですから、確かに「変わり身が早い」ということなのでしょう。

最初の成功が上達につながった

社会部に転勤し、最初に配属されたのは渋谷警察署でした。「警察署に配属？」と疑問に思う人も多いことでしょう。

社会部記者の担当分野は広範囲に及びます。政治、経済以外のジャンルはすべて社会部が担当と言ってもいいほどです。政治や経済だって、政界の汚職や企業の不正となると、社会部の担当分野に入ってきます。

それだけ広範囲に及ぶのですが、地方から転勤してきたばかりの若い記者は、サツ回りからスタートします。警視庁管内は人口が多いので、方面別に管轄が分かれています。私が社会部に来たときには一方面から八方面までありました。いまはさらに増えているのですが、当時は東京二三区を七つの方面に分割。多摩地域が八方面でした。私の担当地域は三方面。渋谷、世田谷、目黒の九つの警察署が担当でした。その取材拠点となるのが、渋谷警察署の記者クラブだったのです。事件や事故が起きれば、渋谷警察署から現場に駆けつけます。

社会部に来て最初にテレビで現場リポートをしたのは、この三方面担当時代。自動車で登校してきた小学校の教諭が校内に車を停めようとしてブレーキとアクセルを踏み間違い、児童たちをはねてしまった事故でした。先生が子どもたちにけがをさせる。死者は出なかったのですが、衝撃的な事故でした。

現場に着いて取材をし、事故の概要がわかってきました。さて、これを視聴者にどう伝えるか。カメラマンが現場の様子を撮影するだけでは、現場の距離感や広さがなかなか表現できません。そこで思い切って、カメラの前で歩きながらのリポートを試みました。

まずは自動車が突っ込んだ通用門の前に立ちます。カメラマンが構えるカメラに向かって語りかけます。

「ここが、小学校の先生が自動車で突っ込んだ現場です。自動車は、この門から入って……」

こうリポートしながら学校の中に歩いていきます。自動車の突入経路をなぞったのです。その私をカメラが追います。

「自動車は、ここで児童の列に突っ込みました」

事故現場まで歩いて振り返ります。これにより、視聴者は、教諭が運転していた自動車がどのくらいの距離を暴走したかが実感できます。

いまでは、記者やアナウンサー、あるいはリポーターが歩きながらリポートするのは当たり前のこと。珍しくもなんともありませんね。ところが、当時のNHKニュースでは、記者リポートは直立不動でするのが普通でした。歩きながらリポートするというのは考えられなかったのです。私の現場での思い付きによる記者リポートは異例だったので、上司から過大評価されます。以後、「池上は記者リポートがうまい」というイメージができてしまいました。

そうなると、イメージが独り歩きを始めます。大きな事件や事故が起きると、「池上、お前が現場に飛んでリポートしろ」という指示が出るようになります。こうして経験を積み重ねますと、結果として、それなりのリポートができるようになります。最初に「うまい」というイメージがついたことにより、本当に上達することになったのです。

一方、最初の記者リポートがあまりうまくいかなかった記者は、その一回で「下手」というレッテルを貼られ、以後、記者リポートの仕事が与えられません。これでは上達のしようがありません。不公平ですが、これが現実でした。

一九八〇年頃、NHKの報道の現場では大きな変化が起きていました。

それまでは、記者は現場で取材してニュース原稿を書くだけ。「画面に出てしゃべるのはアナウンサー」という考え方が一般的でした。それが、記者もどんどんしゃべれ、大事件や大事故があったら現場から記者がリポートしろという方針になったのです。

ここには、一九七四年から「ニュースセンター9時」の記者キャスターとして一時代を画した磯村尚徳《ひさのり》氏の成功体験がありました。磯村氏は、「欧米のテレビ記者たちは、どんどん画面に出てリポートをしている。取材した記者が自分の取材内容を自分の言葉で視聴者に伝えるべきだ」と主張し、これがNHK全体のコンセンサスになったからです。現場に取材に出た記者たちは、アナウンサーが読む原稿を書くだけでなく、「自分も画面に顔を出してリポートしろ」と要求されるようになります。

事件や災害が起きると記者はいち早く現場に入ります。取材した内容を原稿にして電話で吹き込みます。いまのようなスマホもパソコンもない時代。現場から原稿を送る場合は、公衆電話を探して社会部に電話し、電話に出た記者に原稿を読み上げ、書き取ってもらうのです。これを「電話で吹き込む」と称しました。

ここまでは、これまでもやってきたことですが、この先の仕事が降ってくるようになりました。デスクが電話口に出て、「次のニュース時間の冒頭で現場からリポートしろ」と告げるようになったのです。

一刻を争うわけでもないニュースの場合は、現場で一分程度の記者リポートを収録し、ビデオテープを送れ、という指示を受けます。

社会部に来たばかりの頃、ある事件の現場で記者リポートの指示を受けた際、電話でデスクに対して、「どんなリポートをすればいいんでしょうか?」と尋ねました。すると、驚きの答えが。

「さあ、オレって、記者リポートしたことないんだよな。まあ、適当にやってくれ」

とてもNHKとは思えない対応ですね。愕然としました。でも、これが良かったのです。指導者がいなかったことで、自分で記者リポートのあり方を研究するしかなかったからです。

原稿でなくメモを見ながら話す

記者リポートはどうあるべきか。書いた原稿をそのまま読み上げていたのでは、現場にいる意味がありません。原稿を読むのならスタジオにいるアナウンサーの方がずっと上手です。記者ならではのリポートとは、どういうものか。以後ずっとこのことを考えてきた気がします。

現場リポートは、せいぜい四〇秒から一分程度。だったら内容を頭に入れ、カメラを見ながらしゃべればいいのです。

とはいえ、暗記したものをしゃべっているうちにあがってしまい、言葉が出て来なくなったら、どうしよう。当然の心配です。そこで、話すべき大事なポイントをメモにして、手に持つようにしました。

たとえば事故現場からのリポートなら、

まずは事故の現場と発生時間。

次に事故の様子。

最後に関係者の名前。

これだけメモしておけば、大事な要素を外すことはありません。このメモを見ながら、しゃべるのです。これだと書いた文章の朗読にはならずに済みます。メモしか書いてないので、その内容をつなぎ合わせながら、その場で文章を組み立てます。結果、自然な話し言葉になります。これこそが、記者リポートではないかと考えたのです。

ただし、数字や固有名詞は、敢えて手元のメモに視線を落とした方が自然であることに気づきました。

実はこれは、松平定知《さだとも》アナウンサーの手法を盗んだのです。

NHKニュースのスタジオにはプロンプターがありました。アナウンサーがニュースを読むとき、ずっと正面を向き、一度も手元に視線を落とすことがないのにお気づきでしょう。「さすがNHKのアナウンサー、原稿を暗記しているのですね」と感心していた人がいましたが、そんなことはありません。実はアナウンサーの手元にある原稿をスタジオの天井に設置されたカメラが撮影し、カメラの前にセットされたガラス板に映し出しているのです。

ところが松平アナウンサーは、大事な部分は、敢《あ》えて手元の原稿を読み上げます。

固有名詞や数字を、正面を見ながら読み上げられたのでは、視聴者は、「本当かな？」と不安になります。そのときだけ手元を見れば、「ちゃんと原稿を確認しているのだな」と安心して見ていられるのです。安心感を与えながら内容を伝える。さすが伝え方のプロでした。

現場リポートの承転結

現場からの記者リポートを見ていると、たまに、次のようなことが起こります。

スタジオでアナウンサーがニュースの概要を紹介します。「きょう○○で□□の事件がありました」とリード（前文）を読んだ後、現場からの中継が始まります。

ところが現場の記者が、再度「きょう○○で□□がありました」とリポートを始めるのです。見ている人からすると、「もうわかっているよ」という気分になります。

これが意外に多いのです。

どうしてこんなことになってしまうのか。

それは、ニュースの起承転結に気を取られて、「起」からきちんと始めようとしてしまうからです。

アナウンサーの言葉を受けて話すのですから、起はとりはらって、承か転か結からいけばいいのです。三つのうちどれからいくかは、ケースバイケース、効果を考え、その場で決めればよいのです。

たとえば、交通事故をリポートするとしましょう。

「承」で始めて承・転・結といくなら、

「いまお伝えしましたように、事故の起きた現場はここです。ここでこちらから来た車とあちらから来た車がこうやって衝突し、炎上し、逃げ遅れた人たちが亡くなりました。警察が事故の原因を調べています」

「転」から始めるなら、次のようになります。

「両方から来た自動車が衝突と同時に火災になり、逃げることができませんでした。この事故は、そもそもこちらとこちらで……」。転から承に戻り結にいきます。

「結」から入り、結・転・承と戻ることもあります。たとえば次のように。

「何人もの人が亡くなってしまいました。車の火災によってなのです。その火災が起きたのは……」

こう見ると、リポートの始め方によって、事故の態様に対するイメージが変わってきますね。起承転結の「起」から始めるより、「結」から始めた方が事故の悲惨さが伝わります。

そもそも、なぜ記者が現場リポートするのでしょうか。それは、記者ならではの観察眼で、現場の様子を視聴者に伝えるためです。

ですから、現場を見ていない人にどう説明したらわかってもらえるだろうか、視聴者は何を知りたいだろうか、ということを一生懸命考えればよいのです。

そう考えれば、たとえば事故の原因がわかっていないなら、だからそれに触れないのではなく「事故原因はまだわかっていません」とひとこと言い添えようという発想も生まれます。

そうすることで、視聴者も「そうか、わかっていないんだ」とそれなりの答えを得られた安心感を抱けるのです。

また、テレビ業界用語で、現場の情景のことを「絵」と呼びます。リポートでは、どんな「絵」を見せられるかを考えながら、話の組み立てを考えます。「絵」には、一目でわかりやすいもの、インパクトのあるものもあれば、そのまま見せてもよくわからないものもあります。そのことも考慮します。

視聴者にとって、画面に人がいるのといないのとでは、印象が随分変わります。リポーターが画面にいることで、現場の広さ（あるいは狭さ）や遠近感が伝わるということもあります。そんなことも考慮しました。

見えないものをどう見せるか

記者リポートは事件や事故に留まりませんでした。社会部記者は、全国ニュースばかりでなく、首都圏向けローカルニュースに企画ニュースを出すことも求められます。自分の持ち場の管内で面白い話題はないか。記者クラブに留まらず、足で情報を取ってくることが求められます。担当していた渋谷、世田谷、目黒の三つの区の区役所を回りながら街の話題を探します。こうして摑んだのが、地下鉄駅構内の「強風問題」でした。

渋谷区内のある地下鉄駅が舞台でした。ホームに電車が入ってくると、トンネル内の空気を一気に押し出す形になるため、ホームに立っている乗客を強風が襲います。強風はホームを駆け抜け、階段を駆け上がります。結果、階段を歩いている人は、髪の毛が逆立ったり、女性はスカートを押さえたり、という現象が起きていました。地下鉄のホームに電車が入ってくるときに風が吹くのは当たり前ですが、それも程度問題。この駅ではトンネルから押し出されてくる空気を逃がすことがうまくできていなかったのです。

さて、この様子をどう映像化するか。乗客の戸惑う様子は撮影できますが、これだけでは不十分。そこで思いついたのが、風速計を置いてみることでした。渋谷区内の小学校にお願いして風速計を借り出し、ホームに置いて風速計の風車部分が激しく回転する様子を撮影しました。目に見えない風を見えるようにしたのです。いまでいう「可視化」でした。

ただし、この企画ニュースも、現時点から振り返れば、反省点があります。電車がトンネルを出てホームに滑り込んでくるときに、車体の先頭部分が大量の風の塊を押し出す構図も、わかりやすく可視化できたのでは、ということです。

強風に困っている乗客の姿や風速計だけでなく、風の流れも「目で見える」形にすべきでした。いまならＣＧ（コンピューターグラフィックス）で簡単に表現できることですが。

それでも、この企画ニュースは話題になりました。これ以降、「面白い話題を発掘してくる記者」というイメージも加わりました。そうなると、「おーい、何かネタはないか」とデスクから電話がかかってくるようになります。このプレッシャーを受け、ネタ探しも始まります。みんなが面白がるような話題探しのコツも摑めるようになりました。過大評価された自分の像に追いつこうと努力することにより、成長できたのです。

タヌキに会わざるの記

ネタ探しの一環として世田谷区役所の広報課に顔を出して雑談していたときのこと。広報の担当者が、「最近、世田谷の住宅街にタヌキが出没するんですよ」と言い出します。都会でタヌキ。映像が撮れれば楽しい話題になる。ぜひ撮影したいと言うと、担当者は顔を曇らせます。

「実は私たちも広報紙に掲載したいと考えたんですが、地元の人たちが、話題になって見に来る人たちが出ると騒ぎになるからやめてくれと言うんですよ」

さて、困った。そこで思いついたのがラジオでした。ラジオなら映像は必要ないし、具体的な地名まで言及しなければ、見に来る人もいないだろう。こう考えて、この取材の顚末《てんまつ》をラジオ用原稿として出稿しました。当時、NHKでは日曜朝のラジオで全国各地の軽い話題を紹介するコーナーがあり、そこに原稿を送ったのです。

「……タヌキの映像を撮影したいという私たちの願いは地元の人たちに断られました。大勢の人が見に来たら、タヌキの安住の地が脅かされるという理由でした。かくしてタヌキは、地元の人たちに見守られているのです……」

映像が撮れなくても、切り口によってニュースや話題になる。こんな〝遊び〟にも挑戦しました。

現場に行くからこそ見えてくるもの

「白い家の放火魔」として知られることになる事件を取材したのも、三方面担当時代でした。世田谷区を中心に、空き巣に入った窃盗犯が、住宅に火をつけて逃げる事件が相次いでいるというのです。

この情報は、警視庁で捜査一課を担当している先輩記者からもたらされました。早速、現場に行ってみました。現場は世田谷区内の各地に点在しています。事件を担当した警察署もいくつにもまたがっています。各警察署を回って現場の住所を聞き出し、一軒一軒訪ねていきます。すると、不思議な共通点に気づきました。

被害にあったどの家も、白い壁に青い屋根の瀟洒《しょうしゃ》な住宅だったからです。実際に被害者宅にお邪魔して話を聞くと、びっくり。犯人は空き巣に入って部屋中を物色した後、豪華な応接セットなどの上にキッチンから持ち出した醤油やマヨネーズなどをぶちまけ、部屋をめちゃくちゃにしてから火をつけて逃げていたのです。

実際に現場に足を運び、被害者から話を聞いてこそ判明する事件の全貌でした。

カメラマンに来てもらい、住宅の全景を撮影した後、部屋に入って惨状をリポート。被害者にインタビューしました。被害者の皆さんは、被害のひどさを知ってもらいたかったのでしょう、快く取材に応じてくださいました。

これを首都圏のニュースとしてリポートして以降、新聞各社は「白い家の放火魔」として報道するようになります。

騒ぎが大きくなると、警視庁の捜査態勢も強化されます。世田谷区内で「火災発生」の一報が入ると、多数の警察官が現場周辺に駆けつけるようになったのです。その結果、火災発生直後、駅で不審な男を発見した捜査員が職務質問して、容疑者逮捕に結びつきました。容疑者逮捕もＮＨＫの特ダネになりました。

「東京世田谷区の住宅街で放火事件が相次いでいます」という内容だけでもニュース原稿にはなります。でも、それだけでは空き巣に入り、部屋をめちゃくちゃにしてから放火、という事件の悪質性は伝わりません。実際に現場の映像を見せることで事件の異常さがわかる。テレビならではの事件報道とは、こういう形があるのだと知ったのです。

富士山からの中継で大失敗

一九八〇年八月一四日午後一時五〇分頃、夏休みの登山客で賑わう富士山の八合目付近で大規模な落石事故が発生し、一二人が亡くなり、約三〇人が負傷しました。

このとき私は社会部二年目、甲府市の山梨県警察本部の講堂に詰めていました。山梨県内で保育園児の誘拐事件が発生し、社会部から応援に入っていたのです。

夏休みの大惨事。東京の社会部のデスクから指示が飛びます。「東京から中継車が行くより、甲府から駆けつけた方が現場に早く到着するだろう。現場に行け」と言うのです。ＮＨＫ甲府放送局の中継車と共に富士山五合目に向かいます。到着したのは夕方の六時半過ぎ。「中継の電波が届いたら七時のニュースの冒頭で記者リポートしろ」と言われます。

いまですと、全国どこにいても宇宙空間にある通信衛星に向かって電波を飛ばせば、ＮＨＫの放送センターに届きますが、当時は、まだそんなものはありません。富士山五合目から東京方面に向かって電波を飛ばし、ＮＨＫの放送センターに直接届くか、東京タワーの中継器を経るか、あるいは池袋のサンシャイン60の屋上に設置してある中継器を経由して放送センターに電波を届けるか、チェックしてみなければなりません。技術スタッフが必死になっています。

一方、私のところへは「こういう内容のリポートをしろ」という指示はなし。とにかくリポートを、というわけです。

さて、何をリポートするか。まずは取材です。とは言っても、事故にあった人たちはすでに麓《ふもと》の病院に搬送されています。落石の様子を遠くで目撃した人や、けが人の様子を見た人からの間接情報しか手元に集まりません。焦っているうちに時間が迫ってきます。

「中継がつながった！」という声が聞こえました。手元に大した情報は集まっていないものの、とりあえず現場の様子を伝えねば。リポートしようとして、手元にマイクがないことに気づきます。なんたる失態。まだ若かったのですね。動転していたのです。

「おーい、マイクはどこだ？」と声を張り上げると、少し離れた場所でマイクを持って記者を探していた中継スタッフがマイクを届けてくれました。後になって聞くと、

「マイクはどこだ?」という私の声が放送に流れたというのですが。

マイクを持って、「こちらは富士山五合目です」とリポートを始めたところで、カメラマンの姿がないことに気づきます。カメラマンは、記者の存在にお構いなく救急車やパトカーなどで緊迫した様子の五合目の映像を撮影していたのです。これは正しい判断です。

一方、記者の私は、その映像のバックに流れるリポートをすればそれでよかったのですが、ここでまた未熟さが出ました。「記者リポートは、記者がカメラの前に立って顔を出さなければならないもの」との思い込みがあったのです。リポートをしながら、カメラマンに向かって小走りに駆け寄ります。

やっとカメラの前に立ったものの、走りながらリポートしていたものですから、息が切れました。と同時にリポートする内容も尽きました。事前の取材が十分ではなかったからです。

カメラの前に顔を出すや、「これで現場を終わります」と言うしかありませんでした。失敗した!　と頭の中が白くなりました。

しかし、本当の大失敗は、その後でした。私がリポートを終えたのを見た先輩記者が近寄ってきました。思わず、「いまの私のリポートどうでしたか？」と尋ねたのですが、このときまだ中継は切り替わっていませんでした。「いまの私のリポートどうでしたか」という内輪の会話が再度電波に乗ってしまったのです。

現場の状況をとっさに、映像とリポートでどう伝えるか。三〇歳の私には重すぎる課題でした。

あれから四〇年近く経ちました。いまの私ならどういう中継をするか。まずはカメラマンと打ち合わせをして、画面の端に私を入れ、背景に富士山五合目の様子を映します。

「事故から〇〇時間経った富士山五合目の駐車場です」とリポートするでしょう。ここまで私がしゃべったら、カメラマンは私から離れて救急車やパトカーが停まっている場所に近づく。その映像をバックに、事故の概要を私がリポートする。こういう構成にしたことでしょう。

さらに、事故の目撃者にカメラの前まで来てもらいます。そして「亡くなった方は安置所に、けが人は病院に運ばれました。ここには、事故を目撃した人がいらっしゃいますので、話を聞いてみましょう」とマイクを向ける。

こうすれば視聴者には、「記者がいるのは五合目か。事故現場までは到達していない状況でリポートしているのだな。それなら臨場感のあるリポートは望めないな。それでも目撃者の話で漠然とではあるが事故の様子が伝わってくるな」という印象を持っていただけたはずです。

いまは誰もがスマホを持っている時代。これだけの事故が起きれば、何人もの人がスマホで撮影しているはずです。「スマホで映像を撮った方いらっしゃいませんか」と尋ねることから始めるでしょう。時代が変われば取材の仕方もリポートの仕方も変わるのです。

4　企画書は、読み手の頭に映像が浮かぶように

教育問題との出合い

社会部記者は森羅万象《しんらばんしょう》を取材する。取材対象は事件・事故ばかりではないのです。さまざまなことを取材する中で「これは記者として生涯のテーマになるかもしれない」と感じたのが、教育問題でした。

ＮＨＫでは一九八二年から八四年にかけて「ＮＨＫ特集　日本の条件　教育」というシリーズを総合テレビのゴールデンアワーに放送しました。ＮＨＫ特集は、現在の「ＮＨＫスペシャル」の前身番組です。

当時は、高校受験や大学受験の進路指導に偏差値が本格的に導入され、さまざまな問題を引き起こしていました。中学校で民間の業者による模擬試験が行われるようになりました。生徒はその結果を見て、自分の偏差値にあわせた「受かる学校」を見つ

け、受験するというわけです。受験指導は次第にエスカレートし、偏差値による学校のランキングが発表になり、「偏差値による輪切り」という言葉がはやりました。

受験勉強についていけずに脱落する生徒も出て、「荒れる学校」という言葉が生まれました。勉強についていけないと、授業中に生徒たちが堂々と教室を出て行ってしまうのです。「エスケープ」と呼ばれました。先生がエスケープする生徒たちを追いかけて教室に戻るように説得する間、授業は中断します。先生たちの苦労は並大抵のものではありませんが、世間は「教師は何をしている。もっとしっかりしろ」というプレッシャーをかけます。

こんな状態の中で、教育現場はどうなっているのか。東京都の教員採用試験の面接試験の現場にカメラが入るなど、いまでは考えられないような企画が次々に実現していました。こうした番組の企画や取材は番組を制作するディレクターが担当するのですが、社会部記者の取材範囲とも重なります。そこで突然、「NHK特集班に入って番組をつくれ」と言い渡されました。このとき初めて、日々の短いニュースではない、長時間の番組の映像の構成やナレーション原稿づくりに参画することになりました。社会部記者の通常の仕事では関与することのない貴重な体験でした。

映像と音声に語らせるということ

社会部記者の通常の仕事といっても、何のことかわからないかもしれませんね。社会部記者の仕事は二つに大別されます。

ひとつは警視庁や文部科学省などの記者クラブに配属され、そこで取材、アナウンサーが読むニュース原稿を書く仕事です。表に出ることのない、全くの裏方の仕事です。

もうひとつは、扱うニュースが大きい場合で、現場あるいはスタジオで解説する仕事です。現場では、四〇秒程度の短いリポートを収録します。スタジオ解説ですと、キャスターの質問に答えるかたちで二分程度のものになります。どちらを担当するにしても、ごく短い時間で完結します。

しかし、NHK特集や後身のNHKスペシャルになりますと、一時間あるいは二時間という時間をかけて、ひとつのテーマを取り上げます。その場合、ナレーションは最小限に絞り、関係者のインタビュー映像などをできるだけ生かします。取り上げる人物に関し、説明的になり過ぎないように、行動を追いかけます。

それまで社会部記者としては、物事を文章で説明する仕事をしてきましたから、取材対象者の映像と音声で表現するというのは経験したことがありません。余計な文章を書くことなく理解してもらうには、どうしたらいいか。ひとつひとつが勉強になりました。

たとえば、受験生たちが志望校をどうやって選ぶかを表現する場合。従来の社会部記者的表現ですと、次のようなナレーションが入ります。

「A君は、京都大学の受験を考えていましたが、親や学校の先生から、それだけ模擬試験の成績がいいなら東京大学を受けろと言われ、悩んでいました」

一方、ドキュメントですと、こういう映像になります。

塾帰りの生徒たちがマクドナルドに立ち寄る。A君を囲んだ仲間がA君に対して、「京都大学を受けるんだろう」と声をかける。すると、別の友人が、「A君は成績がいいんだから東京大学に志望を変更したらどうだ」とアドバイスする。さらに別の友人が、「おいおい、志望校は偏差値で決めるもんじゃないだろう。A君は京都大学で学びたいことがあるんだろう。初志貫徹しろよ」とたしなめる。A君は苦笑しながら首を傾げる。

どうですか。説明のナレーションがなくてもA君の苦悩がわかりますね。実は、この場面、番組でもほぼ同じやりとりがありました。

記者が説明をするのではない。取材対象をして語らしめるのです。

信州大学に一ヵ月通って取材したが……

一九八三年、国立の信州大学（本部・松本市）の経済学部が全国で初めて「一芸入試」を導入しました。これは、それまでの万遍なく合格点を取るというタイプの受験生だけでなく、総合点では合格ラインに達しなくても、一科目でも飛び抜けていい成績だったら合格させる、という形式の入試のことです。誰もが共通一次試験で万遍なくいい成績を取らないと合格できないという形式では、個性あふれる受験生が取れない、という危機感から実施に踏み切ったものです。

これを番組で取り上げることになり、私はディレクターやカメラマンと一緒に、ほぼ一ヵ月間、松本に泊まり込んで大学に通いました。

しかし、取材を終えて帰京し、編集の段階になると、東京で取材の指揮を執っていたプロデューサーが、「うーん、これは全体の流れの中で異質だなあ。いらないな」と一言。これですべてボツになってしまったのです。

これでは一ヵ月間にわたって取材に協力してくれた経済学部の教職員の皆さんに申し開きができません。ひたすら謝るしかありませんでした。

私はNHKを辞めた後、二〇〇九年から同学部で特任教授として毎夏、集中講義を担当するようになったのですが、それは、当時の先生がまだ残っていて、声をかけてくれたからです。お詫びの気持ちから毎年教えるようになったのです。

信州大学経済学部は、その後も改革を続け、現在は法律の勉強にも力を入れる経法学部に改組されています。

文部省担当へ

ＮＨＫ特集で教育問題を取材したことから、一九八三年夏、文部省（現在は文部科学省）担当を言い渡されます。文部省はニュースになることが多い役所なので、ＮＨＫと新聞各社では政治部と社会部の両方の記者が担当します。民放各局は報道記者の数が少ないので、各社一人だけでした。

政治部と社会部の記者がいると、どういう役割分担になるのか。政治部記者は、文部大臣と大臣を支える大臣官房を担当します。それ以外のすべてを社会部記者がカバーします。最近の例ですと、加計《かけ》学園と政権の癒着《ゆちゃく》疑惑のようなケースは、社会部記者が取材します。

政治部記者は、大臣のみならず、自民党内の文教部会に属する国会議員たち、いわゆる「文教族」の動向も取材します。文教族は文部省の文部行政の方針をつくる段階で大きな影響力を持ちますから、取材対象として欠かせません。

教育問題としては日教組も取材対象になります。では、政治部か社会部か、どちらが取材するのか。

年に一度の定期大会は政治部の取材です。日教組としての方針が下されるからです。一方、日教組は教師集団であることをアピールする狙いもあって、毎年、教研集会を開きます。これは、全国各地で組合員たちが取り組んできた教育実践の報告会です。こちらは社会部の担当です。ユニークな取り組みがあれば紹介します。

しかし、日教組の組合員が会場で発表してから取材を始めたのでは、いわゆる「絵」がありません。そこで事前取材です。あらかじめ、発表内容をまとめた報告書を入手して分析。「これは面白そうだ」となると、直接報告者の学校に電話。取材協力が得られることになればカメラマンと一緒に行って、授業の実践を映像に収めます。

そして集会当日を迎えます。発表者が報告をしている映像と事前取材の映像を組み合わせてニュースにするのです。

当時は教育に関するニュースが頻出していました。いまから思うと、一九八〇年代後半という時期は、戦後改革によって導入された戦後の教育体制に歪《ひず》みが出てきた時期だと総括することも可能でしょう。詰め込み教育への反省から「ゆとり教育」の必要性が語られました。学校の授業についていけない子どもたちは、校内暴力に走り、暴力を先生たちが強引に押さえつけると、次には陰湿ないじめが蔓延《まんえん》。先生たちが必死になっていじめ対策に取り組んできたら、次に来たのは不登校の波でした。こうした教育問題解決のためと、一九八四年、中曾根内閣は臨時教育審議会（臨教審）を設置します。「文部省には任せておけない」と、総理直属の審議会を創設したのです。

臨教審は初等中等教育や高等教育など四つの部会に分かれ、毎週どれかの部会が会合を開きます。これを原稿にすると、すぐに夜七時あるいは九時のニュースのトップに扱われました。

国公立大学の入学試験改革も始まりました。それまでの入試は共通一次試験。試験結果を受験生が自己採点した上で「受かりそうな大学・学部」を選んで志願。各大学個別の二次試験を受けるという方式でした。

ところが、受験できる大学が一つだけなのはおかしい、という声が出て、「受験の機会の複数化」が議論されるようになります。そうなると、どこの大学とどこの大学を受けることができるのか、という検討が始まります。全国の国公立大学の入試を前期と後期に分けるグループ分けをめぐり、各大学の学長が集まって討議が続きます。

この結果をいち早く視聴者に伝えたい。討議の場所に提出される検討案を事前に得ていれば、まとまったときに速報できます。地道な取材が始まりました。

たとえば北海道であれば、まず北海道大学は前期日程で決まり。となると他の大学は、北海道大学と同じ前期日程がいいのか、それとも北海道大学を受けた学生でも受けられるように後期日程に設定したほうがいいのか。各大学の思惑がぶつかります。

各大学の担当者に個別に取材すると、自分の大学を前期にしたいのか、後期にしたいのか、本心をなかなか話してくれません。ところが、他の大学の意向については気軽に口を開きます。そこで、同じグループ内の二〜三の大学から他大学の意向を聴取すると、結果として全体像が見えてくるのです。

この手法は、選挙の情勢取材で習得したものでした。選挙中、各陣営を回って、どのくらいの得票を期待しているか聞いても、正直な答えは期待できません。それでもライバル陣営の得票予想は気軽に話してくれます。選挙区の全部の陣営を回って他候補の得票予想を聞いてまとめれば、全体像が見えてくる。同じやり方をしたのです。

この頃に教育が抱えるさまざまな問題を取材することができたのは、私にとっての財産です。いまも、教育や子どもの問題に大きな関心を持ち続けているのは、当時の経験がきっかけです。

企画書はA４一枚に

エイズについての番組も忘れがたいものでした。

エイズとはＡＩＤＳ、「後天性免疫不全症候群」の英語の頭文字を並べたもの。ＨＩＶ（ヒト免疫不全ウイルス）に感染しエイズを発症すると、免疫力が失われ、普通の人なら感染しない弱い病原体でも致命的な病気になるというものです。ウイルスに感染したことで免疫が不全になるという意味で「後天性」と名付けられました。

当初は患者は色眼鏡で見られがちでした。そのため一九八七年一月に神戸市で見つかった国内初の女性エイズ患者が入院先の病院で亡くなると、「エイズパニック」と呼ばれる騒ぎになりました。

エイズ患者が見つかった時点では、医療関係の専門記者が取材し番組を制作していましたが、社会的なパニックが生じるに至って、あえて医療の専門家ではない記者を投入してＮＨＫ特集を制作せよ、という指示が降りてきました。

社会部のデスクから突然呼び出され、「エイズ問題のＮＨＫ特集をつくれ」と命じられます。「えっ、私は詳しくないんですが……」「だからお前がやるんだ」というわけです。乱暴な話ですね。

それまで教育問題を担当していたのに、突然のエイズ取材。一から勉強です。と同時にＮＨＫ特集として提案を通さなければなりません。ＮＨＫ特集は、当時の看板番組。誰でもどの部局でも提案できるという仕組みをとった画期的な番組ですが、企画が承認されなければ始まりません。まずは企画書づくりです。

通常こういうときの企画書はディレクターが立案するのですが、このとき一緒に組んだディレクターは、企画書づくりより取材が得意。「記者のお前が企画書を書け」ということになりました。社会部記者がＮＨＫ特集の企画書を書くなど、当時は前代未聞です。どうすれば企画が承認される文章が書けるか、悪戦苦闘でした。

余談ですが、民放の正式な企画書は、スポンサーに向けてのものですから、カラー写真や図をふんだんに使って五〜六ページのものを作ります。一方、どんなものでもＡ４の用紙一枚に収めるのがＮＨＫです。首都圏ニュースの中の三分の企画であろうが、二時間のＮＨＫ特集であろうが、すべて一枚に収めます。

企画書づくりにあたって、勉強のために過去の番組の企画書に目を通しました。その結果、企画が通る書き方と通らない書き方との違いが理解できるようになります。企画が通るのは、Ａ４一枚にまとめられた文章を読んでいくだけで、頭の中に映像が浮かぶ書き方をしているものでした。

読む相手の頭の中に映像が浮かぶような書き方をすべし。そのためにはどんな要素をどのような表現で盛り込むべきかを考える。これはその後、さまざまな文章を書く上での私の標語になっています。

この企画はやっとのことで採用され、一九八七年六月、「エイズ　アメリカの教訓そして日本」というタイトルで放送されました。

5　昭和から平成への移行は皇居の中で

記者リポート要員で宮内庁詰めに

平成が始まる前年、昭和六三（一九八八）年秋、天皇が倒れます。最初に天皇の体調に異変が起きたのは、さらにその前年のこと。四月の天皇誕生日の祝宴中に気分が悪くなって嘔吐します。同年九月の診察の結果、十二指腸から小腸にかけて内容物が通りにくくなるという「通過障害」が確認されました。そこでバイパス手術を受けることになるのですが、「玉体にメスを入れてもいいのか」という手術懐疑論が出たのですから、一体いつの時代の話だという気がします。

手術の結果、切除した内臓の病理検査によって悪性腫瘍が発見されます。ご本人や国民にはがんのことは伏せられましたが、実際は「十二指腸乳頭周囲腫瘍（腺《せん》がん）」でした。手術後はいったん容態が回復しますが、翌六三年九月、大量に吐血します。

侍医団が呼ばれ、大騒動になりました。

このとき私は夜九時の「ニュース・トゥデー」のデスク業務を担当していましたが、急遽《きゅうきょ》宮内庁に応援に駆り出されました。天皇の体調はまもなく小康状態となり、私はデスク業務に戻りますが、その後も吐血や下血を繰り返しました。

宮内庁もNHK社会部の担当。ふだん宮内庁の記者クラブには二人の記者が詰めていますが、この記者たちは、天皇の容態に関して宮内庁幹部への取材に忙殺されます。文字通り早朝から深夜まで取材にかかりきりになると、テレビでリポートをする余裕がなくなります。そこで私が「宮内庁詰めになれ」と指示を受けたのでした。記者リポート要員です。

宮内庁は皇居の中にあります。丸の内のホテルに連日宿泊し、早朝四時に徒歩で皇居の中に入ります。そして毎朝五時、六時、七時のニュースの中で天皇の容態を中継でリポートしました。

毎朝一〇時、宮内庁の総務課長が、その日の朝の天皇の容態を発表します。基本は血圧、脈拍、体温、呼吸数の四点ですが、下血があったり、輸血をしたりという異変が起きたときは、その様子も発表されます。私の任務は、この情報を一〇時のＮＨＫニュースの中でリポートしろというものでした。午前一〇時から始まる発表の内容を、同じく一〇時から始まっているニュースの中で報告する。無茶な要求でした。

第一声は何から喋り始めるか

具体的には、どのような仕事になるのか。幸いなことに総務課長の発表は、毎朝正確に一〇時に始まりました。そこで、冒頭の体調に関する四要素を聞き、変化がないことを確認すると、記者会見室を飛び出します。階段を駆け下りて宮内庁正面前に出ると、そこにＮＨＫの中継車がいて、アナウンサーがマイクを持って待っています。

一〇時のニュースの冒頭は、別のニュース項目が用意され、スタジオのアナウンサーが読んでいます。その間に私が宮内庁前のカメラの前に立つと、二番目のニュースが中継に切り替えられ、私のリポートになります。待ち構えていたアナウンサーが、「宮内庁です。天皇陛下のご容態について、社会部の池上記者に聞きます」と前置きして、私にマイクを渡すのです。

もし記者会見の発表が延び、私の姿が現れなければ、スタジオのアナウンサーは、あらかじめ用意された別の二番目のニュースを読みます。その頃に私が階段を駆け下りて来れば、いよいよ出番です。

さて、第一声は何から喋り始めるか。これが毎朝の試練でした。記者会見室から飛び出し、階段を駆け下りながら、リポート冒頭の内容を考えます。天皇の容態に変化がなければ、「今朝の天皇陛下のご容態は、お変わりないということです」と喋り始め、その後で血圧や脈拍の数値を伝えます。

一方、前夜に下血があったりしますと、冒頭は「昨夜も下血があったということです」とリポートを始めます。

そもそも記者リポートは、通常ならば内容を事前にデスクに相談して決めていきます。しかし、この場合は、そんな時間はありません。結果として、常に自分で自由にリポート内容を決めることができたのです。

リポートの第一声は、これから伝える内容が視聴者に理解しやすいように短い言葉で伝えなければなりません。たとえば「お変わりないということです」という文章です。全国の視聴者は、「今朝の天皇陛下のご容態はどうだろうか」と心配しています。第一声が「お変わりないということです」となれば、安心して、それ以降の内容を聞くことができます。

また、「下血があったということです」という文章から始めれば、異変が端的に伝わります。短い言葉で内容を要約してリポートを始め、次第に内容の説明に入っていく。記者リポートの大原則を、このとき身に着けたように思います。

正午のニュースでも、宮内庁前から中継します。ここでのコメント内容は、事前にデスクと相談して決めます。ときにはデスクと私の判断が異なり、議論になることもありましたが、次第に私の主張が通るようになっていきました。

電車の中で声をかけられて

正午のニュースが終わると、私の出番は終了。午後の部は後輩の記者に任せ、宮内庁の記者室で夕方まで待機します。夕方になり、何もなければ解放されます。

この仕事が始まってしばらく経った頃のことです。山手線に乗っていたら、突然高齢の男性が、「いつもご苦労さまです」と最敬礼しながら声をかけてきました。予想外のことに私はビックリするばかり。そうか、毎朝私の中継リポートを見てくださっていたのですね。テレビに出ていると、こういうことになるのかと知ったのです。

そのうちに見知らぬ名前の女性から封書が届きます。読んでみると、「毎朝見ています」という内容。何のことだろうと、最初はピンと来なかったのですが、突然気づきました。ファンレターだったのです。

驚きました。アナウンサーと異なり、いつも現場で取材している社会部記者はファンレターとは無縁だと思っていたからです。テレビ画面に毎日出ることは恐ろしいこと。それを思い知ったのです。

そして昭和が終わった

宮内庁詰めの任務が始まった当初は、まだ蒸し暑い日々が続いていたのですが、やがて秋も深まり、遂《つい》に昭和六四（一九八九）年を迎えます。

ふだんは泊まり勤務からはずれていたのですが、昭和六三年の一二月三一日は、宮内庁の記者クラブで年越ししました。記者クラブのテレビは紅白歌合戦を映し出します。なんとも不思議な体験でした。

そして一月七日早朝、天皇は崩御されました。当初は「ご危篤になられた」という発表だったのですが、実際には発表時点で亡くなられていました。発表が遅れただけなのか、あるいはいったん「危篤」という情報を流して国民に心の準備をしてもらおうとしたのか、真相はわかりませんが。

崩御の報から間もなくして、新しい元号が発表になりました。竹下登内閣の小渕《おぶち》恵三官房長官が、「新しい元号は平成であります」と言って、「平成」と書かれた奉書の額を掲げました。新しい時代が始まるとは、こういうことなのか。戦前、戦中の時代であった前半と平和国家への歩みを刻んだ後半の二つに分かれた昭和が、こうして終わりました。

いつもは天皇あるいは皇室について考えることのない生活を送っていましたが、こうして皇居の中で三ヵ月を送ったことで、日本人と皇室の関係をじっくりと考えることになりました。

6　記者からキャスターに

『アナウンス読本』で独学した

平成になってからは「ニュース・トゥデー」のデスク業務に戻っていたのですが、ある日、社会部のデスクに呼び止められました。「四月から首都圏向けのニュースセンター845のキャスターをやってもらうからな」という突然の業務命令。こうして記者生活に別れを告げ、キャスター人生が始まりました。このとき三八歳でした。

私が入った頃のNHKニュースは、折り目正しい男性アナウンサーが、淡々と正確にニュース原稿を読み上げていくというスタイルでした。

ところが、一九七四年から夜九時のニュースが大きく変わり、先にも述べた記者出身の磯村尚徳氏がキャスターとなります。「ニュースセンター9時」の始まりです。磯村キャスターの出現は衝撃的でした。それまでのアナウンサーは、記者が書いた原稿を正確に読み上げていたのですが、磯村氏は、原稿をいったん自分の中で咀嚼《そしゃく》し、話し言葉で伝えたからです。この番組の成功を受けて、夕方六時台の首都圏ニュースのキャスターも記者出身者になりました。全国向けニュースのキャスターは国際報道畑が長かった磯村氏ですが、首都圏向けは社会部出身の記者が担当しました。

ところが、首都圏ニュースのキャスターは、社会部出身者が四代続いた後、方針が変わり、再びアナウンサーが担当するようになっていました。報道局では、このキャスターを記者出身者に戻すことを考えていたのです。後になって知ったことですが、次の首都圏ニュースのキャスターとして私の名前が挙がったそうです。しかし、いきなり一時間の番組は荷が重いだろうという配慮から、とりあえず毎日一五分間の「ニュースセンター845」で訓練させようということだったのです。

ニュースキャスターになれと指示を受けても、アナウンサーのような話し方の訓練を受けたことがありません。私がNHKに入った当時は、記者はアナウンサーが読む原稿を書くという裏方の仕事でした。原稿の書き方は徹底的に叩き込まれましたが、他人の書いた原稿を声に出して読むことなど経験していません。途方に暮れてしまいました。

そもそもあまり滑舌のよいほうでもありませんでした。警視庁担当記者のとき、渋谷で乗ったタクシーの運転手に「けいしちょうまで」と言ったつもりが「きんしちょう（錦糸町）」に連れて行かれたという経験があるほどです。

さてどうするか。NHKアナウンス室編集の『アナウンス読本』を買い求め、発声方法の基礎から独学を始めました。

この本には、口の開き方や舌の使い方などの断面図が掲載されています。中でも一番役に立ったのは、「腹式呼吸」の方法でした。

テレビやラジオのアナウンサーの声が落ち着いていて聞きやすいのは、腹式呼吸で声を出しているからです。腹式呼吸をマスターしていないと、声帯だけで話そうとしますから、喉が疲れやすくなります。あるいは、キンキン声に聞こえたりします。

腹式呼吸は、まず背筋を伸ばして腹に力を入れ、深呼吸してたっぷり息を吸い、少しずつ息を吐き出しながら声を出していきます。このやり方だと声帯に負担をかけないのです。

人間の発声を弦楽器に例えると、声帯は弦に当たります。弦楽器がなぜ大きな音を出すことができるかといえば、弦の響きを楽器全体の振動に変えて音にしているからです。腹式呼吸とは、声帯の響きを身体全体の振動として声に出す方式なのです。これだと、長時間喋り続けていても、喉が疲れることがありません。身体全体が振動していると、むしろ健康にいいような気さえしてきます。

いま私が長時間のテレビの特番で立ったまま話し続けられるのは、あるいは大学で長時間の講義を続けられるのは、いずれも腹式呼吸のおかげなのです。

原稿の一文を短くした

とりあえずは腹式呼吸の練習をしながら、次に、実際にニュース原稿を読む練習をしてみました。驚きました。息が続かないのです。NHKのアナウンサーがさりげなく読んでいる原稿の一文はこんなに長いのかと気づきました。NHKアナウンサーの凄さを知りました。さて困った。

そこで発想を転換。上手に読めないのなら、原稿のほうを読みやすくしてしまおうと考えたのです。

当時の私は、ニュースの責任者（管理職）として他の記者の書いた原稿を直す権限を与えられていました。それを幸いに、自分が読みやすくなるように短い文に分けていったのです。ひとつの文にはひとつの情報だけ、という原則にしました。すると、読んでいてリズムができ、聞いているほうも理解しやすくなることに気づきました。

たとえば、「東京都は、来年四月から新しいプロジェクトを開始することになり、そのための予算措置を講じると共に、人事構想に着手しました」という原稿があったとします。これは架空のものですが、これを「東京都は、来年四月から新しいプロジェクトを始めます。そのための予算を組みました。人事も考えています」というように。

長さの問題だけではありません。内容についても、自分が最初の視聴者になったつもりで、一回耳で聞いてわかりにくければ書き直そう、曖昧な部分は書いた記者に問い合わせして手を入れよう、そう決意しました。こうして一九八九（平成元）年四月からキャスター修業が始まりました。

初日の緊張はいまでも覚えています。

「こんばんは、ニュースセンター845です。きょうからこの時間を担当することになりました、池上です。どうぞよろしくお願いします」

たったこれだけの短い挨拶なのに、言葉がすらすらと出てくる自信がありません。この挨拶文ですら、事前に原稿に書いてみたのです。

現場からの記者リポートは場数をこなしていても、スタジオのカメラの前はまた具合が違いました。

当時の私にとって、スタジオは慣れない異様な空間でした。カメラを向く私を、正面からライトが照らします。まぶしくても目を細めるわけにはいきません。現場で取材をしてきたそれまで一六年間の仕事とはあまりに違う環境でした。

図解を多用することを考えた

「なんでも図解してみること」も、この時代に身に着けました。

きっかけは、ニュースを伝えながら、しばしばもどかしい思いをしたことです。たとえば大きな災害や事件を伝えるとき、ニュース原稿を読み、カメラマンの撮影した映像を流すだけでは、その全体像が見えてこないと感じたからです。伝える私がそう感じるのですから、視聴者はなおさら理解しにくいはずです。

先にも述べたように、NHKの記者は、まずはラジオ用の原稿を書きます。その後、テレビ用の原稿も別に書けばよいのですが、なかなかそうもいきません。映像の編集者は、ラジオ用原稿を参考にしながら、カメラマンが撮影してきた映像を編集していきます。キャスターの私が読む原稿のバックにその映像が流れるのですが、映し出される映像の意味をいちいち解説することはできません。

そこで登場するのが「フリップ」です。フリップというのは民放用語。NHKでは「パターン」と呼ぶ写真や地図、図解のことです。いまではキャスターがフリップを使って説明するのはごく普通のことですが、当時は、それほど活用されていなかったのです。

たとえば大きな災害が起きたとしましょう。当時の一般的なNHKニュースは、カメラマンが撮影してきた映像を流しながら、アナウンサーがラジオ用原稿を読み上げるというスタイルでした。これでニュースの大筋は理解できますが、視聴者としては、テレビ画面に映し出される映像と、原稿の文章との関係がわかりづらいことがありました。

そこで、まずはラジオ用原稿を元に図解をし、その図解を元に、改めてテレビ用の原稿を書くという手法を考えました。

大きな災害の場合には、まず地図を作成しました。一五分間の首都圏ニュースの担当でしたから、栃木県の大谷石《おおやいし》の採石場跡地で陥没事故が起きたケースで考えましょう。この場合、まずは関東地方全体の地図を用意してもらい、その中で現場の位置を指し示します。

次に現場の拡大図です。通常のニュースで地図を使う場合、いきなり栃木県の地図の中で現場を指し示すことが多いのですが、これでは東京都民や神奈川県民の中に、栃木県と群馬県の位置がよくわかっていない人がいるという事実が念頭にありません。首都圏には全国各地から移り住んでいる人がいます。首都圏で生まれて首都圏の大学を出て東京のテレビ局に就職した人の場合、「栃木県がどこにあるかぐらい、誰でも知っているだろう」と思いがちなのですが、現実は異なります。

たとえば東京出身者が福岡に転勤になったとしましょう、ニュースを見ていたら、いきなり佐賀県の拡大図を示され、そこがどこか瞬時に理解できるだろうか、と考えると、わかっていただけるでしょうか。そういう人の理解度を高めるためには九州全体の地図の中での場所を示した方がいいのです。

さて、地図ができました。次にすべきは、地図の見方を示す原稿を用意することです。

元の原稿では「栃木県宇都宮市の……」と、場所がサラッと紹介されていたとして、「テレビ的」というのは、たとえば東京から鉄道や自動車でかかる時間や、日光などのよく知られた場所からの距離を示すことです。これにより、視聴者はようやく腑に落ちるのです。その上で、現場の見取り図を紹介し、これから流す映像が、どの位置から撮影されたかを視聴者に確認してもらって映像に切り替えます。そこまでしないと、視聴者の十分な理解は得られないのです。

こうした手法は、地図にとどまらず、さまざまに応用できます。

汚職事件であれば、利害のある当事者同士の関係を図解しますし、東京都内のある区役所のニュースであれば、東京都庁と区役所との管轄の違いなどの関係を図式化します。こうしてニュースのいわば「見取り図」を示すようにしたのです。そのようにして、元のラジオ用の原稿を、画面を解説する原稿に生まれ変わらせます。

テレビのニュースでは、制作スタッフが、よく「絵にならない」と言うことがあります。たとえば「有効求人倍率が1を超えた」などというニュースです。取材した記者が送ってきた原稿を元にアナウンサーなりキャスターなりが読む際、画面に出す映像をどうするか、制作担当者は悩みます。

こうしたニュースよりは、たとえば「中国のある都市で道路が突然陥没し、歩いていた人が転落した」というニュースの方が、「絵になる」のです。中国では至るところに監視カメラがありますから、そのような衝撃的な映像はふんだんに入手できます。そうした映像を使ったニュースの方が「視聴率が稼げる」というわけです。

最近のニュースやワイドショーの冒頭で、監視カメラやドライブレコーダー、視聴者がスマホで撮影した映像が紹介されるのは、こういう理由です。

でも、そんなニュースばかりを取り上げていたのでは、大事なニュースの扱いが小さくなったり、取り上げるのをやめてしまったり、ということになりかねません。「絵にならない大事なニュースは新聞を読んでね」では、テレビニュースの存在価値がないではありませんか。

一見「絵にならない」かに見えるニュースでも、工夫次第で、「絵にする」ことはできます。

「有効求人倍率」のニュースなら、たとえば、テレビ画面の左側に職を求めている人たちのイラストを配置し、右側に採用を考えている企業のイラストを描きます。最初は求職者の数の方が求人数を上回り、職を得られずに渋い顔をしている人たちの姿が何人も見えます。次の画面では、求人数が上回り、職を得た人たちの顔が笑顔に変わります。こうすれば、職を求めている人たち、あるいはこれから就職活動を始める人たちにとって朗報であることがわかります。

「キャスター」と「アナウンサー」の違い

翌年からは、午後六時からの「イブニングネットワーク首都圏」も担当することになりました。こちらは、約一時間の番組で、フリーアナウンサーの村松真貴子さんとペアでニュースを伝えました。この番組の担当は四年間続き、都合五年間、私は、月曜日から金曜日までの生放送番組を担当することになりました。「イブニングネットワーク」の四年目は、やはりフリーアナウンサーの有江活子さんとコンビを組みました。

この仕事をするようになって初めて、ニュースキャスターの役割について真剣に考えるようになりました。記者である私が、視聴者から見ればアナウンサーと同じ仕事をするわけですが、その違いについても、自分なりに考えるようになりました。

いまはＮＨＫでも民放でもニュースを伝える人は「キャスター」と呼ばれます。しかし、局内での職種としては、アナウンサーや記者に分かれています。ＮＨＫニュースで言えば、朝と昼、夜七時のニュースを伝える人はアナウンサーです。これに対して、夜九時の担当者は記者という分担になっています。

アナウンサーは原稿を読むプロ。常に冷静に正確に原稿を読みます。これが、長年NHKニュースの信頼を築いてきました。ここでアナウンサーに求められるのは、「私情を交えずに正確に伝えること」。どのニュースをどの順番で取り上げるかを決定するのは画面に出ない編集責任者です。アナウンサーは、自分が読んだニュースについて、原則として感想や意見を述べてはいけないのです。

それでも人間ですから、自分が読んだニュースについて、思うところがある場合は当然あります。悲しいニュースなら、読み終わった後、悲しい顔をして一呼吸置く、という態度を取るアナウンサーもいました。明るいニュースであれば、笑顔で伝えます。

従来はここまでだったのですが、最近はNHKニュースも変わりました。アナウンサーがたとえば人気芸能人の引退のニュースを伝えた後、自分の感想を述べるということも認められるようになりました。あるいは、敢えて演出として感想を言うことも出てきました。しかし、これが政治や国際ニュースとなると、そうはいきません。従来通りの姿勢を貫きます。

これに対して、俗に「記者キャスター」と呼ばれる人は、編集責任者を兼務します。どのニュースをどの順番で伝えるか、ニュースをどう切るか、スタッフと相談しながら決めていくのです。ニュースを伝えた後、そのニュースについての感想も言いますし、ミニ解説を付け加えることもあります。そのニュースを見る視聴者に、「見るべきポイント」をアドバイスすることもあります。

ただし、アナウンス技術に関する研修は受けていませんから、アナウンサーのように流暢に原稿を読むことができるとは限りません。同じく「キャスター」と呼ばれても、実は全く異なるのです。私は、この記者キャスターでした。

コメントのむずかしさ

私はＮＨＫ時代、「個人的な意見は言うな」と教育されてきました。公共放送としては、多様な意見を客観的に伝えるべきであり、個人的な特定の意見を述べるべきではない、ということです。

首都圏ニュースのキャスターになったときも、この大原則は守りました。ただ、首都圏ニュースのように視聴者の身近な話題を扱う番組だと、ひとつのニュースが終わった後、いきなり次のテーマに行くという手法は取りにくいのです。視聴者が、キャスターの伝えるニュースを見ながら、「このニュースについて、キャスター本人はどう思っているのだろう」と関心を寄せるからです。

そこで、視聴者の気持ちに寄り添いながらのコメントを毎回考えるようになりました。視聴者と共に驚き、悲しみ、喜び、怒るという姿勢を貫こうと考えたのです。

とはいえ、そこで個人的な意見や主張をしてはなりません。その限界がむずかしく、ありきたりな感想が多かった気がします。

NHKを辞めて独立した後も、この難題は付きまといます。ニュース番組に出演すると、「池上さんはどう思いますか？」と尋ねられ、そのたびに自分自身の意見を挟まずに何が言えるか、という難問にぶつかりました。

そうした経験を通じて考えてきて至った答え。それは、「民主主義社会を支えるためには、国民ひとりひとりが自分の頭で考えることが必要であり、そのための判断材料を提供するのが私の仕事だ」ということでした。

誰か特定の人の意見を聞いて、「○○さんの言うことだから賛成しよう」というのは、危険なことです。民主主義社会の中から独裁者が誕生するというのは、こういう場合なのだろうなと思うからです。

視聴者に判断してもらえる材料を過不足なく伝える。これが私の任務なのだと思いながらニュースを伝えています。

7 「こどもニュース」を担当した

「わかりやすいニュース」のために必要なこと

最近のテレビ各局のニュースあるいはワイドショーでは、しきりに「わかりやすさ」が強調されています。「わかりやすくお伝えします」とキャスターが前口上を述べます。こんなとき、私は、「そもそもわかりやすいニュースとは何だろう」と考えてしまうのです。

たとえば、いまでは一般的になった手法として、巨大ボードを使用するやり方があります。ボードにはニュースの内容を記し、重要なポイントは紙で隠しておきます。キャスターが、「そこで」と声を張り上げて貼ってある紙を剝がすと、そのポイントが現れるというわけです。

私が記憶する限りでは、この手法の嚆矢《こうし》は、日本テレビが二〇〇七年まで放送していた、みのもんたさんの番組「午後は○○おもいッきりテレビ」です。このやり方ですと、伝えたい内容を、視聴者に順番に提示することができます。伝えたい内容以外の部分は画面に映らないので、見ている内容に集中できるのです。

このような、図解を用いることでわかりやすく伝えようという考え方は、いまではごく普通になりました。その意味で、以前より、「わかりやすいニュース」は増えました。

ただ、「わかりやすいニュース」とは、ニュースの本質や、そこに至った背景まできちんと伝えることができて初めて実現すると思うのです。そのためには、伝える側が十分理解している必要があります。

そのことを痛感したのは、一九九四年、ＮＨＫの「週刊こどもニュース」を担当するようになってからのことでした。

「お父さん」になる

現場で取材することを志望して記者になっただけに、首都圏ニュースのキャスターを担当するように上司から指示された際は、取材現場を離れることに対する抵抗感がありました。スタジオで他の記者が書いた原稿を読むのは、決して楽しいことではありません。

とはいえ、どうせ数年のことだろう。だったら、何事も経験だ。キャスターを経験しておけば、記者の現場に戻ったときに、それなりに役に立つのではないか。そう自らに言い聞かせていました。それだけに、キャスター生活が三年を過ぎますと、ストレスがたまってきます。早く現場に戻してほしい。上司に直訴を繰り返したのですが、叶えてもらえません。遂に五年経ったところで、後任が決まり、ようやく首都圏ニュースのキャスターを外れることになりました。ところが、私の知らないところで、別の事態が動いていました。「週刊こどもニュース」を始めるという構想です。

そもそもはNHKの経営幹部が有識者の意見を聞くという場で、「子ども向けのニュースがあってもいいのではないか」という提案があったのが始まりとか。NHK報道局の中にも、ニュースをもっとわかりやすく伝えることができるような場が必要だという声があったことから、新番組発足となりました。

子ども向けということから、当初はNHKの番組制作局（現在の制作局）で教育テレビ（現在のEテレ）の子ども向け番組を制作していたスタッフがコアメンバーとして招集され、番組のコンセプトが詰められました。

その結果、家族が茶の間で一週間のニュースを振り返るという設定が決まり、「お父さん」役は報道局の記者に担当させようということになりました。そこで、「池上が首都圏ニュースの担当を降りるそうだ。じゃあ、あいつにやらせよう」ということになったのだそうです。ある日、報道局長に呼ばれ、「すまないが、こどもニュースを担当してくれないか」と言われました。こうして言葉を文字にすると、ていねいに頼まれたような印象になりますが、実際はそうではありません。私は報道局の一局員。局長の業務命令には逆らえません。現場に戻りたいという私の願いは潰《つい》えました。

でも、なぜ私だったのか。それは報道局の中で、私が「わかりやすさ」のために戦っていたことが、それなりに知られるようになっていたからです。

首都圏ニュースのキャスターを務めているうちに、一年間だけでしたが、午後六時からの一〇分間の全国ニュースも担当しました。扱うニュースは、政治、経済、国際、スポーツと、ジャンルが格段に拡大します。

ニュースの本番が始まる前に、キャスターはデスクを前にして、声を出して原稿の下読みをします。ここでキャスターが誤読すればデスクがすかさず注意しますし、読みにくそうであれば、デスクが原稿に手を入れます。

ある経済ニュースの下読みをしていたときのことです。あまりの難解さに驚き、「こんなニュース、わからないですよ」と文句を言うと、経済担当のデスクが、「わからないのは、お前がバカだから」と言い放ちました。

なるほどね。原稿が理解できないのは、自分の部署で出稿した原稿が難解だからではなく、読み手がバカだから。こういう発想で仕事をしていたのですね。自分たちの間では「わかりやすい」原稿に仕立てたつもりになっていたのです。

これは、専門家が陥りがちな陥穽《かんせい》です。日頃専門用語を使って話をしていると、その専門用語を一般の人が理解できないということに気づかなくなりがちです。その結果、テレビ番組に専門家が登場すると、難解な用語が飛び出してきて視聴者は理解できない、ということが起こります。それと同じことが、ニュースの現場でも起きていたのです。

一般の人が理解できないということに最初に気づくのが、視聴者代表でもあるキャスター。キャスターが「わからない」と声を上げたら、そこで慌てなければならないのに、「キャスターがバカだから」で片づけていたのですね。

もともと記者としてニュース原稿を書いていた私だからズケズケと言えましたが、ほかのアナウンサーだったら、ことを荒立てるのも面倒くさいですし、わからなくてもそのまま読んでいたのでしょう。これではニュースがわかりやすくなるはずはありません。

こうして報道局の中で「わかりやすさ」をめぐる私の戦いが始まりました。政治や経済の原稿を下読みするたびに、「わからない」を連発し続けたのです。

あるとき、政治部が出稿したニュース原稿がわかりにくくて、全国ニュースの編集責任者に、「こんな原稿、理解できるんですか?」と問いました。そうすると「実はオレもわからないんだ」と白状するではありませんか。NHK報道局の中で、政治部といえば、一種独特のステイタスがあります。そこが出してきた原稿には文句を言いにくいという雰囲気があったのです。思わず「自分が理解できない原稿を、私に読ませないでください」と怒りました。

こんなことを続けているうちに、編集責任者も、「おっと、こんな原稿だと池上に怒られるな」と言いながら、原稿を書き直して私に手渡すようになりました。「わかりやすさに関して池上はウルサイ」という定評（悪評？）が広まっていたのです。

視聴者の気持ちに配慮したわかりやすさ

かくして一九九四年、「こどもニュースのお父さん」と呼ばれる立場になりました。四三歳のときでした。

「週刊こどもニュース」は、小学校高学年以上の子どもたちにニュースをわかりやすく伝えることを目的に始まった番組です。当初は毎週日曜日の朝、その後、土曜日の夕方の放送になりました。

私がお父さん、初代のお母さんは柴田理恵さん、そして中学生の男の子、女の子と小学生の女の子の五人家族でした。

番組が始まってしばらくして、家族でニュースを振り返るという形式は、いわば視聴者のプライドを守りながらニュースをわかりやすく解説する手法であることに気づきました。

それはどういうことでしょうか。

ニュースをわかりやすく解説する際、たとえば、ごく基本的な用語の説明から始めたとしたら、「それくらい知っているぞ。視聴者をバカにするな」と怒り出す人もいそうです。でも、スタジオに小中学生がいて、その子たちに向かって私が説明しているのなら、視聴者は、「これは子どもたちに説明しているのだな」と納得。プライドが傷つかないのです。むしろ知らなかったという人にとっては、恥をかかずに理解することができます。

「視聴者の気持ちに配慮したわかりやすさ」とはこういうことだ、と気づいたのです。

すべてがカルチャーショックだった

ところで、「こどもニュース」を一緒に担当したのは子ども向け番組を制作してきたスタッフ。報道とは畑違いのスタッフと組んだことが、番組に成功をもたらすことになりました。

先に述べたように、報道局にいると、「こんなことはみんな知っているだろう」と思いこんでいることも多くて、難しい用語をそのまま使ってしまいがちです。

しかし、「こどもニュース」のスタッフは、たとえば、「日銀の金融政策」という言葉を使おうものなら、「金融政策って何ですか」と聞いてきます。それどころか、「日銀って、何をしているんですか?」という質問まで出てきます。

これは、私にとって驚天動地。思わず「そんなことも知らないのか」と言いそうになりました。

でも、そこで思い直しました。教育テレビのスタッフは、子ども向けにどういう演出をすればよいかについてはプロです。だから、ニュースのことを知らなくても恥ずかしくない。「知らない」と平気で言ってくれるのです。

報道局のスタッフは、報道のプロということになっていますから、実は知らないことでも「知らない」とは言えません。知っているふりをすることもあります。だから視聴者にはわかりにくくなるのです。

番組スタッフが所属する部署の部屋に初めて顔を出したときに驚いたことがあります。それは、そこにあるテレビの画面が、すべて教育テレビだったことです。これはカルチャーショックでした。

でも、考えてみれば当たり前ですね。彼らは教育テレビの番組を制作しているわけですから、総合テレビを見る必要に迫られることはありません。そこが、総合テレビばかりを見ている報道局のスタッフとの大きな違いです。彼らはふだんNHKニュースを観ていません。だから、ニュースについて「知らない」と堂々と言えるのです。「知らない」と正直に言ってくれるスタッフに恵まれたことが、「こどもニュース」の成功の秘訣だったのです。思えば彼らにとっても、私の言うことなすこと、カルチャーショックだったかもしれません。

これは民放の番組に関しても同じです。いま私が出演している番組の多くは、報道局の担当ではありません。たとえばテレビ朝日系列の「池上彰のニュースそうだったのか!!」のスタッフの多くは、もともとバラエティの担当です。やはり「わからない」と言ってくれるのです。それを聞いた私は、「そうか、専門家でない人は、それがわからないのか」と知ることになります。

何がわからないか、わかった。これが「こどもニュース」でも民放の番組でも、「わかりやすさ」につながったのです。

8　「チームで働く」ことを学ぶ

「理想の上司」には程遠かった

二〇代の終わりから三〇代にかけて、社会部記者時代の私の仕事のスタイルは、いわば一匹狼でした。記者は、めいめいが取材先を開拓し、特ダネ競争を繰り広げます。仕事も、知り得た情報を各自が原稿の形にしてデスクと呼ばれる上司に送れば、それで一段落です。

しかし、番組づくりとなると、そうはいきません。ひとつの番組をつくる過程で、多くのスタッフが関わります。

チームで仕事をする――キャスターとして「首都圏ニュース」を担当するようになって初めて、このことの難しさに直面しました。

情報をどう伝えるか考え、原稿を書き、原稿に合わせる映像を探してきて、コメントに合わせて編集する。映像を補足的に説明する文字（テロップ）や文章を考える。フリップあるいはパターンと呼ばれる図のアイデアを考え、制作の専門家に発注する。これだけの仕事をするには、多数のスタッフが必要なのです。

私はかつて「理想の上司」のアンケート調査で上位に選ばれたことがあります。実に面映ゆいことです。きっとテレビで見ていて、部下に懇切丁寧に仕事の仕方を指導してくれるというイメージを抱かれたのではないでしょうか。ところが実際の私は、とりわけ当時は、そんな上司とは程遠い人間だったのです。

「首都圏ニュース」のスタッフにいま会うと、「あの頃の池上さんはすごく怖かった」と言います。言われた通りの仕事をテキパキとやれ。できないのは能力がないからだ。そんな気持ちが態度に出ていたのでしょう。

社会部記者時代、周りにいるのは経験豊かな同僚ばかりでした。みんな指図されなくてもさっさと仕事を仕上げます。

一方、当時の首都圏ニュースは、圧倒的に若くてその分経験も浅いスタッフが多かったのです。

ＮＨＫの場合、記者もアナウンサーもディレクターも、採用されると、まずは地方の放送局に配属され、そこで何年か経験を積んで東京に転勤してきます。ところが一九八九年前後は、採用数が激増しました。ＮＨＫの教育テレビ放送開始に伴って一九五九年頃に大量採用した人たちの定年退職が近づき、その穴埋めのために大量採用を始めたからです。とりわけディレクターの採用数は多く、全員を地方局に配属しきれない状態となったため、大学出たての若者たちが、首都圏ニュースの現場にもやってきたのでした。

記者志望ではなく、「番組をつくりたい」という思いで入ってきたディレクターたちは、日々のニュースにそれほど関心があるわけではありません。たとえば中央省庁の仕組みや警察・検察の関係に詳しいわけでもありません。そんな彼らがニュース制作の現場に放り込まれたのですから、さぞかし戸惑ったことでしょう。現場の先輩たちは、手取り足取り指導しなくてはなりません。私も先輩として、彼らの仕事に、ひとつひとつ口を出しました。画面に出すテロップも、私が文案を考え、「こう書け」と命じていました。

しかし、そうするうちに、テロップやフリップ（パターン）に誤字が急増しました。生放送中に気づき、慌てて訂正してお詫びをすることも多くなりました。

当初は、そんなミスに対して「何をやっているんだ」と怒ってばかり。おそらくここから「池上は怖い」というイメージが生まれたのでしょう。

「人に任せる」ことを学ぶ

なぜ、ミスが増えたのか。やがて原因に思い当りました。私が口を出し過ぎていたのです。私が、ああしろこうしろと細かく指示すればするほど、経験が乏しい若手ディレクターたちは萎縮して、指示待ちの姿勢になっていたのです。

こういうことは、さまざまな組織であるでしょう。ベテラン上司の指示に逆らうことができないまま、「言われた通りのことをしていればいい」という気になってしまうのです。そうなると、細かい間違いなどにも気づきにくくなります。意味が十分に理解できないまま仕事をしてしまうからです。

言われたことだけやっていれば間違いに気づかなくなる。任せることが大事。そんな初歩的なことに気づくまで、ずいぶん時間がかかりました。

「君に任せるからやってごらん」と声をかける。そう言われれば自分で意味を考えるようになりますから、誤字脱字にも気づくようになります。そこからミスも減っていくのです。

当時、思い返していたエピソードがあります。社会部時代のこと。私の先輩が異動で東北地方の放送局にデスクで行くことになり、彼に、上司がこうアドバイスしたのです。

「お前は仕事ができるから、若い記者たちの仕事ぶりが歯がゆくなり、自分で何でもやってしまおうという気になるはずだ。しかし、それをしてはいけない。辛抱強く部下の仕事を見守ることだ」

若い記者は文章力が身についていませんし、取材力もありません。「取材して原稿を書け」と命じても、なかなか原稿が完成しません。取材から帰った若い記者から情報を聞き出し、デスクが原稿を書いたほうが、はるかに早くできるでしょう。でも、それをしていたのでは、若い記者はいつまで経っても成長しません。それを戒めていたのです。

当時は他人事《ひとごと》として聞いていた言葉が、まさに自分へのアドバイスに思えたのでした。

「君が考えてごらん」

そのようにしてチームで働くことに少しずつ慣れていったのですが、「週刊こどもニュース」に移ってからも、同じようなことがありました。

番組では、毎回のように、模型を使ってニュースを説明します。模型を使って説明するときの手順は、次のようになっていました。

まず、大人向けのニュース原稿を参考にしながら、子ども向けのニュース原稿を書きます。次に、その原稿を元に、模型のアイデアを考えます。模型ができてくると、その模型を使って説明するための原稿を、新たに書きます。実に手間暇かけてやっていました。

番組の開始直後は、子ども向けのニュース原稿と模型のアイデアまでを私が考えていました。それを若いディレクターに渡し、「これで模型を発注しろ」とやっていたのです。

しかしこれでは、ディレクターは指示待ちとなり、自分のアイデアが出てきませ
ん。それに気づいてからは「模型については君が考えてごらん」と、いったん突き放
すことにしたのです。「こどもニュース」は、週に一度の番組ですから、多少時間の
余裕があります。最初に数日間考えてもらった上で、彼らの案を尊重しながら修正し
ていくことができました。

最終的には、編集長的な立場である私の案になってしまうことが多くても、一生懸
命考えることで、そのディレクターは、自分の企画だと考えるようになります。それ
が意欲につながるのです。いま流行の横文字ならインセンティブです。

とは言っても、人に任せるのはじれったいことです。自分でやってしまったほうが
早いのに、それをぐっと我慢するということですから。

しかし、そういうことを積み重ねていくうちに、みんなで番組をつくっていくとい
う一体感も育まれていった気がします。

スタッフの思いをすくい取る

ディレクターの思いをどのように、どこまですくい取るかということにも気をつけました。

たとえば、彼らが提案してきたものに対して、「何だ、これは」と思っても、頭ごなしに「だめだ、こうしなさい」とは言わないことです。

「彼は何を伝えたいんだろう」と想像します。その思いを生かしながら、「それならこういうやりかたにしたらいいいんじゃないの？」と、できるだけ実現できるように考えました。

このことは、民放のテレビ局で自分の名前を冠した番組を持つようになってからも変わりません。

民放の番組制作スタッフは、プロデューサーは局の社員ですが、ディレクターなどのスタッフは多くが外部の制作会社所属です。そこには隠然たる上下関係があります。

でも、いい番組をつくるという点において、上下関係などありません。表現方法も含め、方向が間違っていない限りは、まずは受け止める。その上で、より良いものにするようにアドバイスする、という方針を取るようにしています。

スタッフも含めての家族

「こどもニュース」を担当するようになった直後、驚いたことがあります。

スタッフ全員による企画会議が開かれたときです。NHKに入局してすぐに「こどもニュース」に配属された若いディレクターが出してきた企画のタイトルが、「徒然《つれづれ》なるままにお金の話」というものだったのです。おまけに、タイトルだけで内容は書かれていません。いったい何を表現しようとしているのか、皆目見当がつきません。報道局だったら、「バカヤロー」の一言で終わっていたでしょう。

ところが、「こどもニュース」のスタッフは、「これは、どのような企画になるだろうか」と検討し始めたのです。なんという仲間意識。企画にも驚きましたが、このなりゆきにもびっくりしました。

それまで私が過ごしてきた報道局は厳しい競争社会でした。特ダネをとってくればいい、あるいはいい番組をつくればいい。できる奴だけがいればいい。能力がないとみなされるとさっさと追い出されます。それが「こどもニュース」では、みんなが助け合う雰囲気で、和気あいあいとしていました。

そもそも彼らは、教育テレビで幼児や子ども向けの番組を手がけてきたスタッフです。人への思いやりがなければ、子ども向けの番組などつくれません。そのこともあってか、現場には、一種のあたたかさというか、居心地の良さがありました。NHKにもいろんな職場があるもんだ。驚きでした。

ちなみに「徒然なるままにお金の話」については、深夜まで会議を続けましたが、結局ものにはなりませんでした。こんなタイトルの提案でも真剣に受け止めて、みんなで深夜まで議論する。正直言って最初は呆れていましたが、やがて、これが「こどもニュース」の良さだと思うようになったのです。

そのうちに、私の顔つきも変わっていったようです。「怖い」とは言われなくなったのです。それどころか、大人のスタッフも、私のことを「お父さん」と呼ぶようにななりました。

「こどもニュース」の出演者は家族という設定でしたが、みんなで番組をつくっているうちに、スタッフも含めての家族という意識が芽生えたのです。これは、これまでになかった経験であり発見でした。

とりわけ大きな役割を果たしたのが、初代のお母さん役だった柴田理恵さんでした。劇団「WAHAHA本舗」の看板女優の柴田さんは、「こどもニュース」がテレビの初レギュラーでした。出演者の子どもたちに対して、実の子どものように接してくれました。行儀が悪かったりすると、真剣に叱るのです。子どもたちは、次第に本当の母親のようになついていきました。

この伝統は、その後も引き継がれ、代々の疑似家族は、本物の家族のようになっていったのです。その後、番組を卒業した子どもたちが成長して結婚するようになると、〝二人目のお父さん〟として結婚式に呼ばれたりしています。

「わからないと言ってくれてありがとう」

出演者の子どもたちも、いわば共同制作者でした。

私が子どもたちに会うのは、本番の日以外には、その前日だけです。このときに、大人向けのニュースをリライトした番組用ニュース原稿を私が声に出して読み、子どもたちに聞いてもらい、わかりやすい原稿になっているか確認をしていました。

読む前に「何がわからないか言ってね」と声をかけるのですが、最初のうちは皆黙ったままです。そもそも小中学生の子どもたちにとって、「金融不安」も「中東問題」も遠い話題、私たち大人のスタッフがリライトした原稿を読んで聞かせても、理解できるわけがないのです。理解できないものは、何がわからないかわからない。悪循環です。

とはいえ、わかってもらわなければなりません。そこで、「ちょっとでもわからないことがあれば聞いてね」と言い続けました。

そうしているうちに、ある日突然、「わからない」と言ってくれるようになります。

そんなときはみんなの前でほめます。

「よく言ってくれたね。わからないところによく気がついてくれたね。では、どうすればわかってもらえるか、原稿を書き直そうね」

「そんなこともわからないのか」と言ってしまったら、致命的です。そうではなくて「この子がわからないんだから書き直そうよ」と、その子の前で直すのです。

書き直したら、再び聞いてもらい、「わかった」と言われたら、お礼を言いました。「君がわからないと言ってくれたことで、こんなにわかりやすくなったよね。君がわからないと言ってくれたおかげだよ。ありがとう」

お礼を言われれば、誰でも嬉しくなります。次からは、「何がわからないかに気づいて質問しよう」という意欲が生まれます。こうして、少しずつ「わからない」という発言が出るようになっていきます。

子どもたちにしてみれば、自分が「わからない」と言ったことで、原稿が書き直され、それが放送で流れる。「自分も番組づくりに参画している」という自覚が生まれます。

そのうちに、私の意識も変わってきました。最初の頃は、子どもやスタッフから発せられる質問に啞然《あぜん》とすることが多く、何度も「そんなことも知らないのか」と言いたくなったものです。しかし、みんなが知らないということに気づいていなかった私に落ち度がある、と思うようになったのです。

「わからない」という素朴な言葉を聞くたびに、「そうか、そういうことがわからないということに、私は気づいていなかったのか」という発見として受け止めるようになりました。

この経験はいまに生きています。民放の番組で、スタッフや出演者が、「わからない」と言ってくれることで、結果的に、自分の知識が深まると感じられるようになったのです。

「いい質問ですねぇ」の意味は

私はテレビでよく「いい質問ですねぇ」というセリフを使います。このセリフは「新語・流行語大賞」のトップテンに入ったこともあります。私にとっての「いい質問」とはどんな質問か、ここまでの文脈でおわかりですね。

ゲスト出演者が発する質問を受けて、その人にとって何がわからないかを知ったとき、思わずこの発言が出るのです。質問を受けることで、自分の学びにつながるのです。

ただ、私にとっての「いい質問」にはもう一種類あります。

民放では収録はぶっつけ本番。ゲストの質問はアドリブですので、どんな質問が飛び出すか予測不能です。あらかじめスタッフと打ち合わせをして、おおまかな台本をつくってありますが、思いがけない質問に答えていくうちに、話が脇道に逸《そ》れていくことがあります。

こんなとき、本来の台本に戻れるような質問が出ると、「いい質問ですねぇ。こちらをご覧ください」と受けることができるのです。この場合の「いい質問」とは、池上にとっての「都合のいい質問」ということになりますが、そのような質問をしてくれた勘のいい出演者への、感謝の言葉でもあるのです。

9 誰もが「わからない」と言っていい現場

明確な目標があったから

「週刊こどもニュース」がわかりやすいと言ってもらえた理由のひとつには、番組のタイトルがあると思います。

「こどもニュース」と名乗っている以上、子どもたちに理解できなくては番組が成立しません。つまり「子どもたちに理解してもらえる内容の放送をする」という明確な目標をスタッフが共有することができたのです。

もちろん、たとえば夜七時のニュースなど一般のニュースの現場でも、「わかりやすいニュースにしよう」と常日頃からスタッフは話しています。

でも、この言い方は漠然としています。「誰にとって」わかりやすいニュースなのかという視点が欠けてしまいがちだからです。視聴者の層が幅広い分、「わかりやすい」のイメージが漠然としてしまうのです。

その点、「こどもニュース」は明確です。小学校高学年以上の子どもたちにニュースをわからせるという目標がありました。その結果、番組スタッフの間には、「わからない」と言っていい、という雰囲気が生まれました。

たとえば番組制作の過程で、模型を使ってスタッフにニュースを解説してみせるときには、アルバイトの大学生に、「これでわかるかな?」と確認をしていました。大学生が「わかりません」と答えたら、通常ですと、「大学生のくせにわからないのか」となるでしょうが、伝える相手は小学生。大学生にわからない(あるいは、わかりにくい)解説が、小学生にわかるはずはありません。私の説明ではダメだということです。だから、「わからない」と言ってもらったほうがいいのです。そこで改めて、説明方法を考えたりしていました。

また、放送の前には、スタッフがスタジオのカメラマンに、「こういう解説をします」と説明して、カメラワークの段取りを決めます。このときにカメラマンから「わかりにくいなあ」という感想が出ることがありました。そこで、「いいから撮ってろ」

と言ってしまったら、それでおしまい。番組を一緒につくっていこうという雰囲気は消えてしまいます。

スタジオのカメラマンが理解しにくければ、小学生にわかるはずはない。スタッフみんなで解説の仕方の変更を検討しはじめます。

すると、それを見ていたカメラマンも、自分が「わかりにくいなあ」と言ったことから始まったのですから、責任を感じて、撮影の仕方でわかりやすくならないか考えてくれます。ふだんは倉庫にしまっている親指カメラ（小さくて模型の中にまで入れることができるカメラ）を持ち出してきてくれることもありました。

誰もが「わからない」と言っていい。

「こどもニュース」の成功は、これが大きかったと思います。

さらには、ディレクターも、「子どもにもわかるニュース」といううたい文句を有効に活用していました。取材先でのインタビューで、相手が難しい言葉や言い回しを使ったときには、すかさず、「小学生にわかるように説明してもらえませんか？」と畳みかけて、説明をやり直してもらうことができたのです。

三年で出演者交代の理由

出演者の子どもたちには、番組以外でも「お父さん」と呼ばれていました。

子どもたちとの打ち合わせは、基本は収録前日と当日だけですが、打ち合わせの時間より少し早めに入ると、中学校の期末試験の勉強をしていたりします。

大人の目で見れば、試験に出そうなところはわかりますから、「ちょっと見せてごらん。ここからここまでが範囲か。おっ、ここが必ず出るぞ」とアドバイス。子どもたちはそこを一生懸命勉強します。

そして、翌週会うなり、

「お父さんの言っていたところが出た！」

そんな報告を受けると嬉しくなってしまいます。思わず「どや顔」になっていました。

そんなかわいい子どもたちですが、私以外の配役は三年で替わることになっていました。

三年経てば、中学生だった子どもは高校生になってしまいます。小学生だった子どもも中学生になります。最初のうちは何もわからなかったのが、ニュースがだんだんわかるようになります。私の説明を一発で理解するようになるのです。「中東問題が……」と話し出しても、「パレスチナの人たちどうなったの?」などと質問が出るようになると、とても普通の子どもとはいえません。

スタジオの子どもたちがどんどん理解してくれると、つい私の解説も、前提条件なしになってしまいます。これでは、初めて番組を見た視聴者の小学生にとってはレベルが高すぎるということになってしまいます。

そこで選手交代です。子どもたちばかりでなく、お母さんも交代。まったく新しい家族を構成して再開するのです。最初の出演者交代のときには、「池上は前の家族を捨てて、新しい家族に走った」などと冗談を言われたものでした。

新しい子どもたちは少し幼くなって、再び小学生と中学生。ふだんニュースなど見ていませんから、また一からやり直しです。ついつい前の子どもたちの調子で解説を始めると、「わからない」とダメ出しされます。

小学校の六年生の担任の先生が児童を卒業させたあと一年生の担任になるとはこういう感じだろうか、と思ったりしたものです。

正確さを担保するために

こどもニュースの責任者はプロデューサーでしたが、私も編集責任者のひとり、共同責任者のようなものでした。管理職で記者職の、いわばプレイングマネージャーのような立場です。

途中からは記者主幹という特別職になりました。NHKの中の立場としては、報道局長の次ぐらい、局次長級です。

番組で使うニュース原稿は、子ども向けにリライトしたものですが、リライトしたことでニュアンスが違ってしまってはいけません。

そこで必ず、私が自分で、政治部、社会部、経済部などの出稿した部に直接持って行き、これでよいかチェックしてもらっていました。「こどもニュース」が始まったとき、各部に「こどもニュース」担当デスクが任命されていたのです。

各部は部長も含めて、デスクはみんな私よりも年次も役職も下です。私が行くと一応敬意を払わざるを得ない。すぐにチェックしてくれます。そうやって正確性を担保していました。ときには「こどもニュース」用にリライトされた原稿を見て、「そうか、こう書けばいいいんですね」などとデスクに言われることもありました。

熱意は伝わる

「こどもニュース」をやっていて嬉しかったのは、まわりから「お父さん役の池上を見ていると、本当に伝えたい、知ってほしいんだという思いでやっているのが伝わってくる」という感想をときどき言ってもらえたことです。

「なんとしてもみんなにわかってほしい、知ってほしい、これは面白いから」という思いがあれば、その情熱や雰囲気は伝わるということですね。

そういう気持ちであれば、自ずと努力するようになります。台本通りにやっておけばとりあえずは理解してもらえるだろう。けれども、本当に理解してもらおうと思ったら、ぎりぎりまで工夫して、本番でもとっさに言い換えたり、順番を変えたりするものです。そういうところで、伝わりやすさ、わかりやすさというのは、違ってくるのではないでしょうか。

番組が評判になるにつれ、新聞社からの見学や問い合わせが来るようになりました。番組スタッフから取材して、社内報に報告を載せた新聞社もありました。

また、私が社会部記者として警視庁を担当していたときにライバルだった記者が某社の社会部長になり、「今度、わが社でも子ども向けのページをつくることになったので、手法を教えてほしい」と電話をかけてきたことがあります。虫のいい話です。派遣されてきたのは、これまた警視庁時代に一緒だった記者。質問攻めにあい、逐一丁寧に答えていたら、後日、その新聞社の子ども向けページが始まるや、その記者から「すっかりパクらせてもらいました」という電話がありました。

やれやれ、なんと正直な。でも、それだけ番組の趣旨が社会に認知されたのです。

「ニュースステーション」の久米宏さん

当時、テレビニュースの世界では、テレビ朝日系列の「ニュースステーション」が圧倒的な支持を受けていました。一九八五年一〇月に始まり二〇〇四年三月まで二〇年近く続いた「ニュースステーション」は、ニュースをわかりやすく見せるという、まったく新しいかたちの番組でした。「中学生にもわかるニュースを」との目標を掲げ、模型を使ったりして解説をしていました。

この番組を仕切っていた久米宏さんは、「自分は司会者」と称していました。ジャーナリストでもキャスターでもない、自分はニュースを伝える番組の司会者だという意味での言葉でした。

私が、記者からキャスターとしてテレビに出始めたとき、もっとも勉強になったのは、この番組の久米さんでした。

たとえば間《ま》の取り方です。コメントの途中で、「これってね」と言って三秒おくのです。「何を言うのだろう」と思わせてから、「これはつまり、こういうことでしょうか」とつなげます。

あるいは、間を取った後、わざと小さな声で続けたりします。視聴者が集中して聞くのを狙った演出です。

当時、久米さんは、ずいぶん思い切った発言をすると言われていましたが、私が見る限り、そんなことはありませんでした。「それを言っちゃおしまいよ」というぎりぎりのところ、見ている方がハラハラしているところで、ぴたっと止めるのです。その寸止めの技術も見事でした。政治家も、これなら抗議できない。しかし、寸止めしたことでかえって余韻が残り、言外の効果を与えていました。

私がNHKを辞めた後、久米さんのラジオ番組に一度出演し、その後、私が司会を務めたテレビ番組にも出演していただきました。久米さんも「こどもニュース」を見てくださっていて、「わかりやすさ」について話が弾みました。「わかりやすさ」という点では、久米さんが大先輩なのです。

筑紫哲也さんという憧れの存在

テレビの出演者では、筑紫哲也さんのことも尊敬していました。筑紫さんのことは、TBS系列の夜のニュース番組「筑紫哲也NEWS23」のキャスターとして記憶にある人も多いかもしれません。

筑紫さんは、もともとは朝日新聞のスター記者です。政治部、ワシントン特派員などを経て一九八四年から「朝日ジャーナル」の編集長を務めました。長期低落傾向だった部数に回復をもたらし、連載「新人類の旗手たち」など、話題となる記事を次々掲載していきました。

私が最初に筑紫さんから強烈な印象を受けたのは、一九七八年にスタートした「日曜夕刊！こちらデスク」というテレビ番組です（テレビ朝日、当時の社名は全国朝日放送）。

当時、筑紫さんは四〇代前半。そのときどきの日本の政治や国際ニュースについてタバコをくゆらせながらゲストと語り合う、当時としては型破りのスタイルでした。スタジオは新聞社の雰囲気を演出して、テーブルには削った鉛筆がぎっしり入った鉛筆立てが置かれ、朝日新聞の同僚もゲストに呼ばれるなど、見事に筑紫さんカラーの番組でした。

番組開始翌年の四月一日の放送は、いきなり、アメリカ大統領が歴史的コミュニケを発表します、と始まりました。声明を発表するカーター大統領の映像が流れ、宇宙人との交信に成功し、会見することとなった、という内容を放送したのです。最後になって、エイプリルフールの〝ウソ〟放送です、というオチがつきました。これには抗議も殺到したそうですが、その電話も生放送のスタジオでそのまま受けるという破天荒な展開でした。

そんな筑紫さんのようになりたいという野心は抱きませんでしたが、ただただ恰好いいなあと、憧れの存在でした。

筑紫さんは、朝日新聞を一九八九年に退社、「NEWS23」のキャスターになります。二三時からの番組でしたから、たまに早く帰宅できたときには見ることができました。

本来、キャスターは自分の意見を言うべきではありません。そこで筑紫さんは、「多事争論」というコーナーをつくり、「これは番組としての意見ではなく筑紫個人の意見です」とはっきりわかる形をとって、コメントしていました。その手法や毎回の切り口、内容も、見事なものでした。

筑紫さんの番組作りは、本人曰く、「君臨すれど統治せず」。細かいことは言わない、おおまかな方向性を示したら現場に任せるというスタイルでした。

夕方、いったん局に入って打ち合わせをしたら、外に出て映画や演劇やオペラを見たり、ときにはパーティーに出たりしたあと、本番ぎりぎりに戻っていたそうです。

夜の九時頃、都内某所で筑紫さんが歩いているのを目撃したことがあります。「こんな時間に外にいて、放送に間に合うの？」と驚いたものです。

このようなやり方は、現場で一緒にスタッフと番組を作り上げていくタイプの私からみたら、ありえないことでしたが、筑紫さんだからできたことでしょう。とても真似できないと思いながら、活字の手法をテレビに持ち込んだ先輩ジャーナリストに学んだことは大きかったです。

10　独立を考える

雑誌のコラムを書くようになった

文章を書く仕事のきっかけは、「ニュースセンター845」のキャスターとなってしばらくしてのことでした。テレビ情報の週刊誌『TVガイド』編集部から、「ニュースを解説する連載コラムを書きませんか」という話をいただいたのです。私を推薦したのは、かつて編集部に所属していたことのあるコラムニストの泉麻人さんだったそうです。

この番組を担当して間もなく、ある女性誌のインタビューを受けたのですが、その記事は「八時五七分の男」というタイトルで掲載されました。八時五七分とは、私が駄洒落を言い出す時間だ、というものでした。

八時四五分から始まる一五分間の首都圏ニュースでは、当然のことながら深刻なニュースや悲惨な事件も伝えます。でも、終わり近くには、天気予報の前に、ちょっとした息抜きの軽い話題が入ります。あるいは、季節の花が咲いたなどの美しい映像が流れます。こんなときに、いたずら心から駄洒落を交えるようになったのです。というのは、ニュースキャスターになって感じたのは、番組の原稿が、あまりに真面目で、言い換えれば面白みに欠けているということだったからです。

たとえば高速道路上でトラックの荷台から牛が逃げ出したというニュースがありました。ヘリコプターまで出して上空から撮影しているのですが、原稿は事実を淡々と書いているだけ。高速道路を牛が右往左往している滑稽《こっけい》な映像と真面目な原稿とのギャップが大きすぎるのです。そこで私は、「牛が逃げ出して、モー大変」というコメントを付け加えました。少しでも興味を持ってニュースを見てもらおうという意図からでした。

ＮＨＫのキャスターが駄洒落を言うことなど考えられなかった時代です。ちょっとした話題になりました。泉さんは、それを見て「面白そうなキャスターだ」と感じ、推薦されたようです。

ニュースキャスターをしながら雑誌に連載を持つ。新しい体験です。喜んでお受けしました。NHK内での許諾手続きを経て、毎週のニュース解説を始めました。

それまで私は地方勤務と社会部しか経験がありませんでした。政治や経済、国際ニュースは門外漢です。毎週テーマを決め、それについて猛勉強をして解説するという日々が始まりました。中東問題について猛勉強したのもこの頃でした。

テレビ雑誌の読者に向けて硬いニュースをやわらかく解説するのは、実に貴重な経験でした。

その後、「週刊こどもニュース」でさまざまなニュースを解説することができたのも、このときの経験があったからだと思っています。会社員生活との二足のわらじを履いたことが、仕事と人生の幅を広げてくれることになりました。

本を書くことになった

「週刊こどもニュース」を担当して間もなく、講談社から「こどもニュースを書籍にしたい」という申し入れがありました。番組で取り上げた子どもたちの素朴な疑問を

Q&A形式で紹介するという企画でした。

本をまとめるに当たって編集者から、「まえがき」を書いてくださいという依頼を受けました。原稿を出したところ、「池上さん、文章が書けますね。大人向けにニュースを解説する本を書きませんか」と言われるではありませんか。驚いたものの、そもそも記者ですから、文章を書くのは苦になりません。こうして仕上げたのが、『ニュースの「大疑問」』という単行本でした。

当時は、ニュースを大人向けにわかりやすく解説するというコンセプトの本はほとんどなかったため、幸いなことに版を重ねることになりました。

同時にこのとき、日本の出版事情の厳しさも知ることになりました。

書店には、毎日多数の新刊本が送り届けられます。店頭に並べられても、売れ行きが思わしくない本はすぐに返品されてしまいます。とりあえず売れ行きがよければ店頭に置いておかれますが、売れ行きが鈍ったときが運の尽き。書店から消えてしまうのです。

毎日毎日、毎週毎週が勝負という思いでした。なんとか勝ち抜き、売れ続けました。すると編集者から「続編を書きましょう」と声がかかり、こうして放送と書籍執筆という二つの仕事の生活が始まりました。

『そうだったのか！　現代史』はタイトルから始まった

ニュースを解説する本を書いているうちに、集英社の関連会社の旧知の編集者から連絡をもらいます。「こどもニュースの体験談を本にしないか」というものでした。

残念ながら、その本は売れなかったのですが、彼と話しているうちに、私の方から企画を提案しました。その名も『そうだったのか！　現代史』です。

この本の企画は、タイトルを思いついたところから始まりました。最初は、編集者に説明しても、なかなか理解してもらえません。

「『そうだったのか！　現代史』という本を書きたいんです」と言っても、なんですか、それは？　と聞き返されます。

そこで、こう説明しました。

たとえば、当時は台湾の総統選挙で、独立志向を牽制すべく、中国は軍事演習を開始し、威嚇《いかく》を繰り返していました。そのニュースを見た「こどもニュース」のスタッフに「中国と台湾はなぜ仲が悪いんですか」と訊かれたのです。「えっ？　そんなことも知らないの？」と驚いていたら、朝日新聞のコラムにも、若い記者に同じようなことを訊かれびっくりしたと書かれているではありませんか。その若いディレクターも若い記者も、第二次世界大戦後の現代史を知らないという現実に驚きました。と同時に「このジャンルの本を書けば読者に支持されるのではないか」と思ったのです。

こう説明してようやく意図をわかってもらえ、やりましょうということになりました。

『そうだったのか！　現代史』の内容とコンセプトは私のアイデアでしたが、写真をふんだんに使った、親しみやすい大判のムックのような形になったのは、雑誌編集のベテランだった担当編集者の提案です。

定価が高かったにもかかわらず、読者にも受け入れてもらえました。ある都立高校では、こんな本が読みたかったと、クラスのほとんどの生徒が買い求めてくれたそうです。苦労が報われたと嬉しくなりました。

幸いシリーズ化され、その後も日本現代史、アメリカ、中国、朝鮮半島と続いていくことになりました。現在は集英社文庫になりましたが、コンスタントに売れ続けています。私にとってライフワークのひとつになりました。

「伝え方」について書く

もうひとつ、自分の仕事を客観的に見つめ直すきっかけがありました。講談社現代新書の編集者から、「自分の言葉でわかりやすく伝える」ということをテーマに体験を踏まえて書いてほしいと、手紙をもらったのです。

それまで私が書いてきたのは、現代史やニュース解説の本で、「伝える」というテーマについて書く発想はありませんでした。そう誘ってもらい、初めて、「伝える」ということをテーマとして本を書くことができるのだと気づきました。

わかりやすく解説することを常に考えてきましたが、そのためにどんな工夫をしているか、どんな視点を持つようにしているかということには無自覚でした。ましてや、それを執筆の対象として考える発想はありませんでした。

たとえば、現場での記者リポートや、ニュースの図解をどんな判断でやってきたのか、模型を使ってどう説明するのか、などといったことです。それまでの自分の試行錯誤を思い出しながら書き進め、原稿を少しずつ編集者に渡していったのですが、書いていて新鮮な気持ちになりました。

この新書は、『相手に「伝わる」話し方』というタイトルで二〇〇二年に出てから、ありがたいことに今でも読まれています。依頼してくれた編集者は刊行直前に異動して、後任が引き継いでくれましたが、この本を書くことで、自分がやってきたことを客観的に見ることができました。

この本の内容は、今でも高校や大学の入試に出題されています。入試問題は性質上、事前に引用許可願いが来ることはないのですが、毎年、入試シーズンが終わると事後連絡がきます。

ＮＨＫを退職してからは、ＰＨＰビジネス新書で『伝える力』を出しましたが、この「伝える」ということは、講談社の編集者が気づかせてくれたジャンルでした。

この先何をしたいのか

　ＮＨＫを辞めたのは、二〇〇五年、五四歳のときです。

　当時、ＮＨＫでは一般管理職の定年は六〇歳で、定年の三年前の五七歳から早期退職制度がありました。私の場合は、一般管理職の上の特別職と呼ばれる立場になっていたので、役職定年は五七歳。早期退職は五四歳から応募できたのです。

「こどもニュース」は局内外の評判も良く、軌道に乗っていたのですが、いつまでも「こどもニュースのお父さん」という立場でいられるわけではありません。いずれこの番組を降りた後、どうするのか。私は解説委員のコースを頭に描いていました。

　すでに報道局内部では部長と局長の間の立場になっていましたから、局内での出世を考えたら、地方の放送局長という道もあったかもしれません。しかし、私はあくまで、自分で取材して原稿を書く一ジャーナリストでありたかったのです。ＮＨＫという組織の中で、一ジャーナリストの立場を貫けるのは解説委員しかないと思っていました。

　しかし、まわりはそうは見ていなかったようです。五二歳の頃でしたか、局内の廊下で解説委員長に会ったとき、呼び止められました。君は解説委員になりたいとずっと希望を出しているようだけど、なれないぞ、と言うのです。

「えっ、なんでですか？」と聞くと、君に専門性はないだろう、とのことでした。私のことを思ってくれている人です。よかれと思っての言葉だとわかりました。

解説委員は何らかの専門性がなければダメだ。もし解説委員になりたければ、「こどもニュース」を辞めて、現場に戻って専門性を身につけるしかないが、このまま「こどもニュース」を続けていればいいじゃないか、という趣旨だったのです。「解説委員になりたいなんて思わないで、こどもニュースを最後まで全うしろよ」という親切心で言ってくれたのだと思います。

しかし、これはショックでした。ＮＨＫの内部にいては今後の道がないと思ったからです。

もちろん「こどもニュース」を全うする選択肢はありましたが、ニュースや現代史を解説する本を書くようになってからは一段と、一ジャーナリストとして現場に出たいという思いが募っていました。

専門性がない、という評価はショックでしたが、しばらくして考え直しました。専門性がないというマイナス面は、考え方によってはプラスになると気づいたのです。それは、あらゆるジャンルにわたってニュースを解説することのできるジャーナリストになればいいのではないか、ということでした。

ものごとをわかりやすく説明することが自分の専門性なんだ、と思ったのです。

「今、辞めたらだめだ」

当時、『そうだったのか！ 現代史』の編集者に「NHKを辞めようと思います」と話すと、今、辞めたらだめだ、と止められました。フリーで本を書いて食っていくのは難しい、NHKの看板を背負って本を出したほうがいいと言われたのです。

堅実に考えるともっともなアドバイスでした。でも、そう言われても、いったん「辞めよう」と考え出すと、辞めたくてしょうがなくなっていたのです。

本を書きませんかという誘いをいろいろな出版社から受けるようになり、記者としての本能が疼《うず》いていました。NHKを辞めれば、翌日の放送のことを考えずに執筆に専念できる。とても魅力的でした。

いったん辞めると決めたら、さっそく家の近くのマンションを仕事場として借りました。買いためて自宅に入りきらなくなっていた書籍を運び込み、執筆に専念できる態勢を整えました。

辞めて独立したら食っていけなくなるのでは、といったことは考えていませんでした。かといって、自信があったわけでもありません。NHKを辞めたからといって、民放に出る話もありませんでした。ただ無性に現場に出て本を書きたかったのです。

柳田邦男さんの背中

このとき私の心の中には、柳田邦男さんの存在がありました。

柳田さんは、NHK社会部の大先輩です。社会部記者をしながら優れたノンフィクションの本を書いていました、ところが、デスクとして地方に行けという内示が出て、自分の仕事ができなくなると思い、辞めたそうです。決して左遷ではなく順当な出世ルートでしたが、局内での出世よりジャーナリストの道を選んだのです。

柳田さんのデビュー作は、社会部時代の『マッハの恐怖』。全日空機をはじめとする連続墜落事故を追ったノンフィクションです。NHKを辞めてから最初に書かれたのが『空白の天気図』でした。広島の原爆投下一ヵ月後に襲った枕崎《まくらざき》台風と、広島地方気象台の職員たちを描いた作品です。その後、がんの問題に取り組むようになってからの『ガン回廊の朝《あした》』など、本が出るたびに、買って読んでいました。

柳田さんとの接点はありませんでした。新人研修のときに講師として講義をしてくださったことが一度あっただけです。しかし、局内の出世より書きたいものを書く。その生き方に憧れていました。結局、私もその後を追うことになりました。

11　フリーランスになった

退職の日

遂にＮＨＫを辞める日が来ました。二〇〇五年三月三一日のことです。ＮＨＫの理事から「退職を認める」という辞令を受け取り、「こどもニュース」のスタッフが仕事をしている部屋に顔を出して挨拶しました。

スタッフが大挙して見送りに出て来そうになったので、慌てて断りました。派手な見送りなど性に合わないからです。「こどもニュース」の一一年間ずっとお世話になった庶務係の契約スタッフの女性ひとりだけに送ってもらい、ＮＨＫ一階の西口を出ました。

西口の前に道路があります。その道路を渡った瞬間、「ああ、ＮＨＫを辞めたんだ」という感慨に襲われました。なぜか足が地につかない感覚です。浮遊感覚とでも言えばいいのでしょうか。船の錨《いかり》がはずれ、波間に漂っている感覚です。

考えてみれば、幼稚園から小学校、中学校、高校と常にどこかに所属し、大学を出たら、そのままＮＨＫに就職しました。「どこにも所属していない」という状況は初めてなのです。その解放感と、そこはかとない不安。その両方の気持ちの間で漂っている気分でした。

人生とはわからないもの

ＮＨＫを辞めたいと上司に申し出たのはその前年の一二月でした。実はそれより前の段階で、「こどもニュースを辞めたい」とだけ報道局長に申し出ていました。私が辞めた後も「こどもニュース」は続いてほしいですから、後任を早く決めてもらおうと考えたのです。後任が決まったところで辞職を切り出そうと計画しました。

局長は、「君は定年までこどもニュースを担当するんだろうなあと思っていたけど、それなら仕方ない。後任を探すことにしよう」と言ってくれました。

ところが、しばらくして呼び出され、「後任を探したけど、適任者がいなくてね。

引き続き担当してくれ」と言われてしまいました。後で聞いた話ですが、何人かに声をかけたところ、いずれも断られてしまったそうです。「後任が決まらないから引き続きやってくれ」というのでは退職できなくなってしまいます。その段階で初めて、「実は辞めたいのです」と申し出ました。

それに対する報道局長の反応はあっさりしたものでした。「きっと熟慮した上での決断でしょうから、引き留めはしません」。

なんだか拍子抜けしました。そうか、引き留めようとはしないんだな。当時、「こどもニュース」の私の手法を面白く思っていない報道局の幹部もいましたから、いい厄介払いになると考えたのでしょうか。

その後、局長から「六月の定期の人事異動まで残ってくれ」と言われましたが、私としては、年度替わりの三月三一日をもって退職したいと言い続けました。それまでほとんど有給休暇を取得したこともなく、休暇がたっぷり残っていましたから、六月までのんびり休むという道もあったのでしょうが、そこまで待ちきれませんでした。

というのも、NHKに入ってから松江に三年、呉に三年、東京の社会部に一〇年で計一六年の記者生活、首都圏ニュースのキャスター五年と「こどもニュース」一一年の計一六年のキャスター生活で、記者とキャスターの年数が同じになっていたからです。いい区切りになるだろうと考えたのです。

「こどもニュース」を辞め、NHKも辞めることが発表になってから、歴代の「こどもニュース」の家族やスタッフが一堂に会して、大々的な送別会を開いてくれました。一一年間にお世話になった人、一緒に苦労した仲間たちの顔を見ていると、この「こどもニュース」が自分にとってかけがえのない仕事だったことを痛感しました。担当しろと最初に言われたときには戸惑いましたが、結局、この仕事が、その後の職業人生の基礎を築いてくれることにもなりました。

人生とはわからないものです。NHKに入った頃は、できるだけ長く現場で記者生活が送れるようになりたいと考えていました。たとえばアメリカのホワイトハウス担当記者は、顔に皺《しわ》を刻み、髪が白くなったり薄くなったりした人たちです。記者として認められると、長く現場に留まれるのです。

それに引き換え、日本の新聞社や放送局の記者は、四〇前後で「デスク」と呼ばれる立場に昇格し、現場から離れてしまいます。組織での出世コースではあるのですが、記者の仕事はできなくなります。

ＮＨＫで現場に長く留まれるのは解説委員という立場。ところが、「解説委員にはなれない」と言い渡されて、そのことがフリーランスになるきっかけになりました。フリーランスになると定年がありません。言い換えれば、頭と体が動く限り、いつまでも現場に残れるのです。ＮＨＫという放送局を辞めたことで現場に留まれるという皮肉な結果になりました。

退社した三月三一日、同期入社の記者仲間が送別の宴を開いてくれました。ＮＨＫを辞めても民放に出るわけではない、本を書いていく、と言っている私の行く末を心配して集まってくれたのです。同期というのはいいものだ。つくづく感じました。

「ＮＨＫアナが民放に出ている」!?

ＮＨＫを辞めて本の執筆に専念するようになってまもなく、先に辞めてフジテレビに移っていたディレクターが、「一緒に仕事をしたい」と言ってくれました。

彼とはそれまで一緒に仕事をしたことはなかったのですが、「NHK時代、一緒に仕事がしたいと思っていたんです」というのが、殺し文句でした。朝の「とくダネ!」のディレクターになっていた彼から、この番組にコメンテーターとして出てくれと言われたのです。

初めて私が「とくダネ!」に出たときは、NHKに抗議電話が何本もかかってきたそうです。そのほとんどは「NHKのアナウンサーが民放に出ているとは、けしからん」というものでした。電話を受けた担当者が、「彼はNHKを辞めています」と答えると、あっさりと納得したそうですが。私はアナウンサーではないのですが、テレビにいつも出ているとアナウンサーだと思われてしまうことに気づきました。

NHKの花形アナウンサーが民放に移ると、大きな話題になりますが、私はそんな立場ではなく、辞めたことがニュースになることもありませんでした。ですから、このときになって私の退社を知る人が多かったのです。これ以降、民放から「出演しませんか」という話が来るようになりました。

しかし、肝心の「とくダネ!」は朝の番組ですから、出演者は午前七時に集合です。朝が滅法《めっぽう》弱い私にとっては辛い仕事。会社人であれば業務命令に従って早朝の番組でも出演しますが、フリーランスになれば、命令を受けることもありません。ひと月ほどで辞めさせてもらいました。勝手な振舞いではありましたが、これがフリーランスのいいところでもあります。

いまになって思うと、番組出演に違和感があったことも辞める理由になった気がします。それは、コメンテーターの仕事です。コメンテーターは、ニュースについての意見を問われます。しかし私は、NHKの記者あるいはキャスターとして、自分の意見を言わないように教育を受けてきました。そのため意見を聞かれても答えられなかったからです。この話については、また後で触れます。

「どこの池上さんですか?」

ほぼ同じ頃、日本テレビ系列の「世界一受けたい授業」からも出演依頼がありました。こちらはゴールデンアワーの人気バラエティ番組です。NHKを辞めてすぐに民放のゴールデンの番組に出演することには、ためらいがあり、出演してもいいものかどうか知人に相談したりしていたのですが、熱心な誘いに根負けして出演することにしました。

当時は携帯電話が普及していたわけではありません。担当者への連絡は、プロジェクトルームに電話して本人につないでもらう形でした。

ある日のこと、先方に電話して、出た人に「池上と申しますが、○○さんはいらっしゃいますか」と言うと、「どこの池上さんですか?」と問い質されました。

「きたーっ」と思いました。

というのは、会社を辞めてフリーになった人は、電話をかけた相手に「どちらの?」と聞かれることが多いと聞いていたからです。

会社勤めの人間は、自分を紹介するときに「□□の池上です」という表現をします。ところが、いったん組織を離れると、「□□の」という紹介ができなくなります。それを、身をもって経験することになりました。

組織の名前を言わないと、自分を認めてもらえない。そのことを意識するようになったのは、NHKに入ったばかりの頃です。社会人の心がまえを学ぼうといろいろ読んでいた本の中に、扇谷正造《おうぎや》さんの『諸君！名刺で仕事をするな』がありました。扇谷さんはかつて「週刊朝日」の名編集長と言われ、独立後は評論家、コラムニストとして活躍した人です。

「君が□□会社の〇〇と申しますと言うから人は会ってくれるんだ。そういう肩書がなくても仕事ができる人間をめざしなさい」

これが扇谷さんのメッセージでした。駆け出し記者の自分に、響いた言葉でした。

たしかに、NHKの三文字が威力を発揮して、若い記者でもいろいろな人が会ってくれました。取材で情報をとることもできました。ごくたまに「君だから話をしてあげる」と言われると嬉しかったものです。しかしその信用が得られたのも、はじめにNHKの記者として知り合ったからです。厳密に言えば、自分の力ではありません。

名刺がなくても通用する、そんな力をどうしたら身につけられるだろう。自問自答しながら、仕事をしていました。

二〇代で呉通信部に勤務していた時代、瀬戸内海の島の警察署には、簡単には顔を出せませんでした。そこで毎朝毎夕、交換台に電話して、「変わったことはありませんか?」と確認していました。これを業界用語では「警戒電話」と呼びます。自分が知らない事件が起きていないか警戒して電話をかけるからです。

このとき、最初は「NHKの池上です。変わったことはありませんか?」と電話していたのですが、次第に交換台の相手も電話の向こうの声になじんできます。そこで思い切って、ある時から、「池上です」と名乗るようにしてみました。すると、それだけで通じたのです。

さらに「うちの管内は何もないけど、隣の管内は無線がうるさいわよ」などと伝えてくれるようになりました。「無線がうるさい」とは、警察無線で頻繁にやりとりが行われているという意味です。つまり「隣の管内で事件が起きているわよ」という情報提供です。肩書抜きで相手とやりとりができるようになった。嬉しいものでした。

それから三〇年経って、フリーランスとなり、名刺の肩書がなくなっても仕事で勝負ができるかどうかという立場になったのです。しばらくは、先に述べたように「どちらの池上さんですか?」と聞かれる日々が続きました。

それでも民放テレビに頻繁に出るようになると、「池上です」と言うだけでわかってもらえるようになりました。二〇代で読んだ扇谷さんのアドバイスに、やっと応えることができたのです。

独立後最初の取材は自腹のイラン

行きたい場所に行ける。それもフリーランスになって新鮮だったことです。独立してまもなく、中東調査会に入会しました。

中東調査会とは、中東地域に関する調査・研究を行っている団体です。法人会員と個人会員の二種類があり、私は個人会員としての入会です。そこで、「イランのコーディネーターを紹介してくれませんか」と依頼しました。幸い、ペルシャ語ができる優秀な現地のコーディネーターを紹介してもらい、イランへ取材に飛びました。二〇〇五年のことです。

当時、イランの核開発問題が世界の注目を集めていました。今後、さらに大きなニュースになっていくだろう。その前に見ておこう。そう思ったのです。

これが私にとって初めての本格的な海外取材でした。

フリーランスのジャーナリストなら当たり前のことですが、航空券や宿泊先の手配から、すべて自力でやらなければなりません。そういう経験も新鮮でした。NHKでは、海外取材は国際部の仕事。社会部にいた私には、海外取材の経験がほとんどなく、たまに国内で取材に出るときも、庶務担当者が手配してくれていたからです。

私が「NHKを辞めたい」と相談した集英社の関連会社の編集者が、生活できるようにと心配してくれて、他社ですが小学館の「週刊ポスト」連載の仕事を斡旋《あっせん》してくれました。毎週、海外のニュースを解説する時事コラムです。イラン取材の内容は、ここに書くつもりでしたが、別に編集部から依頼されたわけではありません。自腹での海外取材でした。

写真撮影も自分でするしかありません。ただ、プロ仕様の一眼レフのようなカメラを持ち歩くと、イランの街角に溶け込んでいる治安部隊の要員に怪しまれます。わざと観光客が持つような小型カメラで撮影して回りました。

この取材経験があったことで、その後テレビ朝日で中東関係のニュース解説をすることができるようになりました。そんな日が来るとは毛頭考えず、とにかく気になる場所を見に行きたい、そんな精神で、パレスチナなどへも取材に行きました。

その頃、テレビ東京の政治部長・福田裕昭さんが訪ねてきました。「一緒に番組をつくりましょう」という誘いでした。彼が政治部記者として金融危機を取材していたとき、「こどもニュース」での私の解説が役に立ったというのです。「あんなわかりやすい解説をテレビ番組で生かしたいのです」というのが口説き文句でした。わかりやすさを追求していれば、フリーランスでもそこそこ食べて行けるのではないか。そんな自信がわくような勧誘でした。

一緒に始めた番組は、当初は注目を浴びませんでしたが、やがて彼が選挙特番を企画するようになると、それにも出演し、話題になるようになりました。

「こどもニュース」を担当していたことが財産、あるいは資産となり、フリーランスとなった後も、仕事が入ってくるようになったのです。後先考えずに辞めたのですが、結果として、その先のレールを敷くことができました。迷っていないで一歩踏み出す。それが、その後の人生を切り開くことになりました。

12　コメントをする仕事で戸惑った

スタジオに時計がない！

独立して民放に出演するようになってから、ＮＨＫとの違いに戸惑うことも多々ありました。

たとえばスタジオの時計です。ＮＨＫの生放送のスタジオには、必ずアナログの丸時計がありました。長針、短針、秒針の三つの針があるタイプです。ところが、民放では、生放送のスタジオでも時計がない放送局があります。ＡＤ（アシスタントディレクター）と呼ばれる若いスタッフがスタジオカメラの横にいて、指で残り時間を伝えるのです。ＮＨＫで生放送を担当していた自分としては驚きでした。ＮＨＫでは常に視野の片隅に時計があり、秒針の動きを見つつ、「あと何秒か」を考えながらしゃべっていたからです。

ＡＤの指の動きだけでは時間の感覚がわかりません。このため、民放で生放送をするときには、特別に頼んでスタジオにアナログ時計を設置してもらいました。

また、民放ラジオの場合、スタジオにあるのはデジタル時計。アナログ時計はないのです。これだと、たとえば午前一〇時に終了する生放送で「09時59分40秒」と表示されても、「残りは20秒か」と瞬時に判断できません。そのたびにドキドキしながら放送するしかありません。

民放では、意見を求められる

こうした技術的なことでなく戸惑ったのは、先にも触れましたが、「自分の意見」を求められることでした。

いまでこそ民放各局で司会をしたり、単独でニュースを解説したりしていますが、民放に出演し始めた頃は、コメンテーターとしての仕事でした。キャスターがニュースを伝えた後、スタジオにいるコメンテーターに対し、「○○さん、このニュースについて、どう思いますか？」というように問いかけますね。それに答える仕事です。

「池上さん、このニュースについて、どう考えますか」と聞かれて、私は言葉に詰まってしまったのです。

というのもＮＨＫ時代、記者としてもキャスターとしても「自分の意見を言ってはいけない」と徹底的に教育を受けていたからです。ここがＮＨＫと民放の違いです。

もちろん民放でも、番組のキャスターが一方的に自分の意見を視聴者に押し付けるようなことはできない建前になっています。いろいろなコメンテーターに出てもらって、多様な意見やものの見方を視聴者に提供しようというのです。

その際、それぞれの分野の専門家に出演してもらって見解を聞くこともあれば、タレントが呼ばれることもあります。

タレントがコメンテーターとして出演する場合、思わぬ鋭い視点から感想を述べることがあり、これは意味があります。が、素っ頓狂な発想が面白いからという理由で呼ばれるタレントもいます。こちらに関しては、個人的にはいかがなものかと思うのですが、多くの人に見てもらうための工夫と言えなくもないでしょう。

それにしても、ＮＨＫ育ちの私としては、何をコメントできるでしょうか。

「自分の意見」を持っていなかった

そこで気づいたのです。「個人の意見や感想は語らない」というNHKの原則を忠実に守ってきた結果、「言わない」ではなく、「言えない」ようになっていたことに。その能力が欠落してしまったのです。

どんなニュースであっても、淡々と伝えるだけでその意味を考えなければ、自分の意見など形成されません。「自分の意見」など存在しないのに、「自分の意見は言わないことにしています」などと言って済ませてきたのではないか。これは衝撃的な気づきでした。「自分の意見は言わない」というのは、「公正」「中立」な立場を維持することではありますが、便利な逃げ口上にもなりえます。自分は何も考えないで過ごしてきたのではないか。絶望的な気持ちになってしまいました。

そこで、フリーランスになって以降、密かに「自分の意見」を持つように努力を始めました。もちろん「自分の意見」を放送で披瀝《ひれき》することはありませんが、それなりの考えを持つようにしているのです。

また、「自分の意見」を持つように努力することは、どうすれば「偏らない伝え方」ができるかを考える上で、大いに役立つことに気づきました。「自分の意見」を持ち、それが何であるかの自覚があれば、その部分を極力排除して伝えればいいのです。

ただし、ジャーナリストとして言わなければならない論点は存在します。

自民党や総務大臣がNHKやテレビ朝日の放送内容に関して「放送法違反の疑いがある」として事情聴取や行政指導に乗り出した際は、「放送法の趣旨は、放送局の自律を保障するために政治の介入を禁じたものであり、自民党や総務大臣の動き自体が放送法に違反する」と批判したことがあります。言論の自由を抑圧したり制限したりするような動きがあれば、「自分の意見を言いません」というわけにはいきません。民主主義の根幹を守るのはジャーナリストとして最低限努力しなければならないことだと思うからです。

みのさんの質問はひと味違った

独立して民放に出るようになった時期に出会った人の中で、みのもんたさんは、一味違いました。TBSテレビ系列の朝の情報番組「みのもんたの朝ズバッ！」にコメンテーターとして不定期で出演していたことがあります。そこでみのさんは、いつも「池上さん、これはどういうことですか」と聞いてくれたのです。

たとえば「第三セクターの会社が経営破綻」というニュースがありました。ほかのキャスターなら「どう思いますか」と聞いてくるところでしょうが、みのさんは「池上さん、第三セクターって、聞き慣れないですね。どういうことですか？」と解説役を振ってくれたのです。

そのように聞かれれば安心して、自分に与えられた時間も念頭に置きながら、次のように話すことができます。「第一セクターとは役所が経営している公営事業のこと。第二セクターは民間企業つまり私企業です。第三セクターは公私が一体となって経営しようというものです。役所がバックについているので、金融機関は安心して融資してくれますが、経営トップは役所から派遣されるので、金の使い方はわかっても、稼ぐことは苦手。結果的に負債が増えて経営がうまくいかないケースが多いのです」。

自分の持ち味をいかしてもらえている、そう感じました。同時に、みのさんが視聴者の代わりに私に素朴な質問を投げかけることで、番組は、より面白くわかりやすくなります。テレビというメディアを知り尽くした司会者の凄みを感じました。

余談ですが、解説をさせてもらえたことには、みのさんの奥様のアドバイスがあったようです。奥様は二〇一二年に亡くなられましたが、生前お会いしたとき、池上さんは解説が得意だから、解説してもらいなさいと言っておいたのよ、とおっしゃってくださったからです。

国際ニュースをどう伝えるか

民放でニュースの解説をするようになってから、戸惑ったことのひとつに、国際ニュースの扱いがありました。たとえば中東での問題を取り上げようとすると、「それって、日本とどんな関係があるんですか？」と、聞き返されるのです。

NHKの「こどもニュース」時代は、大人の世界でニュースになっていることを解説するという姿勢でしたから、いちいち「日本とどう関係するか」まで考えることはあまりありませんでした。せいぜい、たとえば中東問題なら「日本は中東から石油や天然ガスを輸入しているから、中東で紛争が起きると、石油が手に入らなくなるのではないかと心配する人がいるんだよ」という言い方をする程度でした。

視聴率に敏感な民放のプロデューサーは、「日本に関係ない海外のことに視聴者が関心を持つのか」と懐疑的でした。

しかし、ひとつひとつのニュースについて、必ず日本との関係を説明するようなことをしなくても、視聴者には、見てもらえると思うのです。

たとえばシリア内戦を取り上げるとしたら、まず、どういう構図の戦争なのかを解説します。それがイスラム教のシーア派とスンニ派の代理戦争であると共に、欧米の大国の代理戦争でもあること、そして、自分の国が戦場になってしまった悲しみとはどういうものかなどを工夫して伝えれば、日本と関係なく思えても見てもらえると信じています。

そこで私自身は、ＩＳ（イスラム国）やシリア情勢について解説するときも、無理に日本と関係づけることはしませんでした。日本に直接関係ない問題でも、歴史で繰り返されてきた普遍的な構図がそこにあることが、わかりやすく伝われば、理解してもらえる、視聴率もとれると思うのです。

ただし、ひとつ条件があります。取り上げるのが「多くの人が聞いたことがあるニュースなら」という条件です。つまり、「なんとなく見たり聞いたりしているけれどもよくわからない」というテーマを取り上げれば、ということです。

残念ながら、日本ではまだ誰も知らないこと、聞いたことがないことを、多くの人に見てもらうのはなかなか困難です。視聴者はついてこないでしょう。

しかし、ニュースでしばしば報じられてきたテーマなら、わざわざ日本に引きつけなくても、実はこういうことですよと解説すれば、関心を持ってもらえるのです。

「ニュースに出るけどわかりにくいこと」を

こう考えるようになったきっかけは、二〇〇九年に「学べる!!ニュースショー!」（テレビ朝日系）でイランの大統領選挙を取り上げたことでした。

この番組は、国内の大きな事件や事故などに際し、人々がどのような行動をとって助かったかというテーマを扱っていました。しかし、そんな出来事は、そうそうあるわけではありません。次第に視聴率が下がってきていました。そんな中で私は、「イランの大統領選挙の混乱を取り上げよう」と提案したのです。当時現職のアフマディネジャド大統領が再選されたことに対して、不正選挙の可能性が浮上。学生たちが抗議活動を行うなど、イランは騒乱状態になっていました。

このニュースは、日本でも毎日のように大きく報じられていました。しかし、通常のニュース以外では全く取り上げられません。当時は、ゴールデンアワーの番組でイランの問題を取り上げるなど、考えられないことでした。

「イランの大統領選挙を取り上げよう」と私が言っても、スタッフはしり込みするばかり。そこで、「連日大きなニュースになっているけれど、そもそもイランとはどんな国かの説明がない。イランの大統領の上には最高指導者という別の人がいることを、ほとんどの人が知らないだろう。その仕組みを解説すれば、見てくれるよ」と説得したのです。当初は拒否反応を示していたスタッフも、最後には折れて、私の提案を受け入れてくれました。

ただし、後になって知ったことですが、このとき既に、番組は低視聴率で打ち切りが決まっていたのだそうです。「どうせなくなる番組だから、池上に自由にやらせよう」ということだったようです。

そんなことは知らないまま、私は、そもそもイランはアラブ諸国と異なり、ペルシャ語を話すペルシャ民族が多数派であること、イスラム教の国ではあるけれど、多数派のスンニ派ではなくシーア派であること、国民が選挙で大統領を選ぶことができるけれど、大統領の上に最高指導者がいること、最高指導者はイスラム法学者の中から専門家会議によって選ばれる終身制であることなどを解説しました。

イランについて詳しい人なら目新しいことではありませんが、そもそもイランとイラクの区別がつかないぐらいの人には、新鮮な気持ちで見ていただけたはずです。

結果は端的に出ました。前週の倍以上の視聴率を獲得したのです。

視聴者は、連日報道されるイランの大統領選挙について、「中東の国が混乱しているなあ」というレベルで見ていたのではないでしょうか。それ以上は知らないし、そこでどんな混乱が起きようと関係ないことだと思っていたのでしょう。

でも、言語や民族、宗教、選挙の仕組みなど、その国の特徴を丁寧に解説すれば、

「そんな国だったのだ」と興味が湧《わ》いてくるのです。

そのことが、スタッフにも理解されたようで、態度が変わりました。「次は中東問題でしょうか。国際ニュースをどんどん取り上げましょう」と言い出しました。よく聞くニュースだけれど、何のことかよくわからない。そんなテーマが、いわば「宝の山」だったのです。

ただ打ち切りは決まっていましたから、まもなくこの番組は、姿を消しました。

しかし、他局も、この「宝の山」に気づきました。番組が終了すると、すぐに、「ニュースをわかりやすく解説する番組をつくりましょう」という注文が来るようになったのです。これがいまにつながることになりました。

「ニッチな仕事」を見出した

ＮＨＫを辞めるとき、「ニュースをわかりやすく解説する」という仕事なら、それを専門にしても、私ひとりくらいは何とかやっていけるのではないかと思っていました。

いわばニッチな仕事。ニッチとは隙間のこと。つまり隙間産業です。

それまでのニュースでは、解説者は、それぞれの分野の専門家でした。国会や官邸のことであれば、長年その分野を取材してきた政治部記者か政治評論家。アメリカ政治ならワシントン支局にいた記者。中東情勢であれば、現地でフィールドワークを重ねてきたアラビア語に堪能な研究者です。こうした専門家をニュースのテーマに合わせてスタジオに呼び、話を聞くというスタイルでした。

しかし、首相官邸を取材するのは政治部で、日本銀行を取材するのは経済部の記者というように分かれているために、「アベノミクスに協力する黒田日銀の今後」などというテーマになると、誰が解説するんだ、ということになります。

政治部記者が日銀の政策について解説すると、「経済部の領空を侵した」ということになりかねません。他の部の担当範囲についてコメントすると「領空侵犯」になる、という発想があるのです。

また、アメリカとイスラエルやイランとの関係について解説するとなると、放送局の中で、両方の関係について解説できる記者というのは、通常はいません。それぞれの担当記者という複数の出演者が必要になります。

さらに中東問題ですと、アラブ諸国とイスラエルの関係などを取材してきた記者はいますが、イスラム教とキリスト教の関係など宗教に特化した説明ができる人はなかなかいません。中東の研究者ですと、宗教についても詳しいでしょうが、詳しくなったがゆえに、逆に視聴者は何がわからないか、わからなくなっている、という人もいます。こういう人の話はつい専門的になってしまいがちです。

そこで、政治から経済、アメリカ情勢から中東情勢まで横断的にわかりやすく解説するという仕事なら、なんとか可能ではないかと思うようになったのです。

では、その解説は、どのように展開すればいいのか。

もちろん実際の現地取材は、私にとって非常に重要なことです。

しかし、現地取材だけでは、その国の歴史や隣国との関係など、すぐに把握するのは困難です。そこで基本文献の出番になります。

専門家たちの研究成果を、どのように嚙み砕けば一般の人に理解してもらえるか。

そこに、自分の取材成果をどう組み合わせるか。ひたすら専門書を読みながら工夫を続けることで、自分の役割が見えてきました。

これまでこうした仕事をする人は見当たらなかったため、当初は「ジャーナリストとして邪道ではないか」「専門家でもないくせに」という批判を受けたこともあります。

でも、いまや昼前後から夕方までのワイドショーや、ニュース番組は、こぞってアメリカ大統領選挙の行方や米中貿易摩擦などを取り上げるようになっています。スタッフがつくったボードを使いながらキャスターが説明するというのは、ごく当たり前のことになりました。

一分でどこまで話せるか

ところで、テレビは秒刻みの世界、与えられた時間でコメントするのが仕事、日々時間との勝負です。その時間の感覚も独特です。

たとえば、ひとつの話題について、視聴者の関心が続く時間の限界は七分程度です。問題を深く掘り下げるには、いささか時間不足ですが、業界用語でいう「摑み」

から入って話を展開していけば、おおよそのことは解説できます。たとえば、「さあ、この話を取り上げましょう。まず、この写真を見てください。これってどういうことだと思います？　こういうことなんですよね。……」といった論理展開が可能です。

ひとりで説明を続けていると単調になる恐れもありますから、四～五分経ったところで、キャスターや出演者に対し、「どう思いますか？」と軽く振ります。あるいは、「これって、おかしいと思いますよね」と同意を求めつつ、「実はですね……」とさらに展開することができます。

一分あれば、起承転結をつけたうえで自分なりにひねりを加えた話をすることができます。この言葉はそもそも……などと話し出し、何が問題なのかを提示し、現在はどうなっている、と展開すれば、一分以内でまとめることが可能です。

これが三〇秒となりますと、さすがに起承転結の四段階に分けることは難しく、序破急＝三つの要素で組み立てを考えます。これで充分に話ができます。二〇秒なら二つの要素、一〇秒ならワンポイントに絞れば、それぞれ話ができるものなのです。

とはいえ、このような時間配分も、はじめからできたわけではありません。限られた時間の中で何が話せるか、常に考えてきた結果です。

たとえばＮＨＫ社会部時代の記者リポートでは、原則四〇秒が上限でした。それ以上の時間、画面に顔を出したままだと、視聴者が飽きてしまうというのです。飽きてしまう、要は聞いてくれなくなるということです。四〇秒以内にまとめれば、視聴者は集中力を切らさずに聞いてくれます。これが短時間で言いたいことを伝える訓練になりました。

さらに「首都圏ニュース」や「週刊こどもニュース」のような生放送では、放送終了直前にどれだけの秒数が残るか、事前に予測がつきません。毎回終了間際になって、時計の秒針の動きを横目で見ながらコメントを考え、あるいは用意したコメントを咄嗟《とっさ》に縮めたりしていました。

短い時間内に言いたいことを伝える。そのためには「この話を二〇秒で話すとすれば、要するに何だろう」と常に自問自答していると、よい訓練になります。

13 忖度《そんたく》と空気

現場に忖度はあるか

忖度という言葉は、日常の言葉として、すっかり定着してしまいました。本来は相手の立場や気持ちを慮《おもんぱか》るという麗しい配慮を指す言葉だったはずなのですが、いまや上司や権力者の気持ちを勝手に解釈して、怒らせないようにしよう、喜ばせよう、と自主的に動くことを言います。とりわけ官僚の世界に、蔓延《まんえん》しているようです。

では、テレビの世界に忖度はあるのか。あるのです。かつてのような政治家からの露骨な圧力はなくなりましたが、圧力を受ける前に忖度し、結果的に圧力がかからないという状態になっているように思えます。

政治家からテレビ局に圧力があった事件といえば、日本テレビがベトナム戦争を扱ったドキュメンタリー番組が有名です。

一九六五年五月に放送された「ベトナム海兵大隊戦記・第一部」です。当時はベトナム戦争の真最中。南ベトナム軍の海兵隊に密着したドキュメンタリーでした。海兵隊員が反政府勢力の戦闘員を殺害したり、切り落とした首を持ち歩いたりする光景を映像に収めて放送したのです。戦争のむごたらしさを告発する内容でした。

この内容に、当時の佐藤栄作内閣が反応しました。放送後、橋本登美三郎《とみさぶろう》内閣官房長官から日本テレビ社長に抗議電話が入ります。「残虐な映像を流すのはいかがなものか」というのが表向きの抗議でしたが、実際は、アメリカのベトナム戦争を支持していた日本の政策が批判されたように受け止めての抗議だったのです。

当初は第一部に続いて第二部、第三部と連続して放送する予定でしたが、官房長官からの抗議電話を受け、日本テレビの首脳は放送中止を決めました。

TBSも、同様の圧力を受けたことがあります。ニュースキャスター降板事件が起きたのです。一九六八年三月、夕方に放送されていた「JNNニュースコープ」のキャスター・田《でん》英夫氏でした。

この番組のベトナム戦争報道が「反米的」だと考えた自民党の幹部が、TBSの社長を党本部に呼びつけ、圧力をかけたのです。福田赳夫《たけお》幹事長は放送免許の剝奪すら匂わせたといいます。当初、経営首脳部は抵抗しましたが、結局、田氏は番組を降板しました。

当時はこうした露骨な圧力があり、圧力を受けた側がそれを明らかにしたこともあって、多くの人の知るところとなりました。しかし、いまは、こういうことは起きないでしょう。政治家が圧力をかける前に忖度が発生するからです。

たとえば戦争報道。現在は殺害の瞬間の映像を放送するなど考えられません。死体の映像も出ないでしょう。ただし、これは政治的な忖度というよりは、「残酷な映像を放送しない」という自主規制からです。戦争の本当の悲惨さを伝えるには、敢えて放送した方がいいという判断もかつてはあったのですが、いまそんなことをすれば、政府の圧力ではなく、視聴者からの抗議が殺到するでしょう。

キャスターの降板といえば、二〇一六年三月にはＮＨＫの「クローズアップ現代」キャスターだった国谷裕子《くにやひろこ》氏が番組を降板したことが話題になりました。国谷さんはＮＨＫの職員ではありませんでした。実力が評価され、ＮＨＫとの毎年の契約でキャスターを務めていました。その契約を更新しないという形で降板になったのです。

このあたりの経緯について国谷さんは著書『キャスターという仕事』で、慎重な筆の運びながら、ある程度のことを明らかにしています。現場は抵抗したが、上層部からの指示で交代することになったというのです。

「上層部」とは誰のことか明言はされていませんが、NHK内の知人から得た情報で、推測はできます。本人に確認したわけではないので実名は伏せますが、菅義偉《すがよしひで》内閣官房長官への国谷さんのインタビューについて「官邸が不快感を示している」という情報を知った幹部が「忖度」して国谷さんの降板を指示したと私は聞いています。

かつての田英夫氏の降板には、政権与党からの露骨な圧力がありましたが、国谷さんのときには、政治家の圧力の必要はありませんでした。放送局の側が〝勝手に〟忖度してくれたからです。

「面倒だからやめておく」という「空気」

こうした忖度が発生するようになったのは、二〇〇六年、第一次安倍政権の誕生からです。ニュース番組で政権に批判的なコメントが出ると、総理官邸のスタッフあるいは自民党から、局にひとつひとつクレームが入るようになりました。メディア報道を厳しく監視するようになったのです。

第一次安倍政権は二〇〇七年に終わりましたが、二〇一二年に第二次安倍政権が発足すると、一段とチェックが厳しくなりました。「なぜ政権の言い分をしっかり伝えないのか」「内容にバランスが欠けている」。こうした抗議が、官邸や自民党を担当している記者、放送局の幹部に寄せられるようになりました。民主党政権のときも同様の動きはあったのですが、安倍政権では、細かい指摘が連日のように続きます。

こんな抗議や注文があったからといって、放送局側がすぐに萎縮することはないのですが、次第に「面倒だなあ」という空気が浸透します。抗議があるたびに誰かが対応しなければなりません。それが続くと、「抗議が来ると面倒だから、このコメントはやめておこう」といった配慮を現場が自主的にするようになってきたのです。忖度というよりは「面倒だからやめておく」という空気なのです。

こうなれば政権は、「我々は圧力などかけていない」と言えます。その通りだからです。でも、それでいいのか。外から見れば、「現場が萎縮している」ように見えるのです。

また以前、読売新聞の記者が、私にこう説明してくれたことがあります。社内には、ある「空気」が存在している、と。たとえば安倍政権に批判的な集会があると知っても、「どうせ取材しても紙面に載らないか、小さな扱いになるだろう」と記者たちが考えて、取材に行かないんですよ、と。

なるほど、と思いました。新聞社には忖度よりも「空気」が存在しているようです。日本社会特有の「空気」。これは新聞社も例外ではないのです。

出演者には「ご説明」

放送局には抗議や注文ですが、出演者に対しては「ご説明」がやってきます。コメントされた出来事に関係する省庁の担当者が、「当方の立場も知っていただきたい。ついてはご説明に上がりたい」と言ってくるのです。

たとえば数年前、私がテレビで「アベノミクスによって全国で公共事業が増え、東北復興のための工事の労働力が不足している」と解説した途端、国土交通省の担当者から「会いたい」という連絡があり、「こういう対策をとっています。そのことを知っておいてください」といった説明をしていきました。特定秘密保護法を解説すると、内閣の担当者が「ご説明に」と来ました。

省庁によって違いはありますが、たいてい「ご説明」に来るのは局長や審議官です。細かい話になると、課長や課長補佐がやってきます。

こうした対応は、省庁の「世論対策」です。テレビで解説したり、コメントしたりすることで社会的影響力があると判断した人たちを対象に手分けをして説明をする、といったことが行われているのです。

人によっては、こうしたことを言外のプレッシャーと受け止めることもあるでしょう。「我々に不利なことは言うなよ。いつもコメントをチェックしているぞ」というわけです。

私は鈍いのでしょうか、これらを圧力とは感じません。さまざまな資料を先方が持ってきてくれるのですから、ありがたく頂戴します。省庁側の立場を知るいい機会です。

また、「ご説明」ではなく、「ご意見拝聴」という手法もあります。これは、ある政策について、「有識者としてのご意見をお聞きしたい」と言って接触してくるケースです。

ところが実態は、「ご意見拝聴」ではなく、ひたすら自らの立場を説明して終わるのです。「ご意見拝聴」とへりくだっておいて、実際には自分たちの考えを吹き込む。うまい方法です。過去の省庁の官僚たちも、この手法をとっていたはずです。

これは、省庁の立場あるいは政権の姿勢を知るうえで絶好の機会ではあるのですが、いったん省庁の立場に理解を示してしまうと、そのときに受けた説明が頭のどこかに残るものです。テレビで話したり、新聞や雑誌に批評を書いたりするときに、省庁の立場への配慮が働き、怒らせないような表現をするという忖度が起きるかもしれません。「ご説明」に来る側は、そんなことも計算に入れていることでしょう。

「圧力」ではなく、「ご説明」。官僚の世論コントロールは、このように〝洗練〟されてきているのです。

14 選挙特番のキャスターになった

テレビは変わらない、見方が変わった

このところ、地上波テレビの視聴率が下がったと話題です。従来の地上波以外にBS放送やCS放送のチャンネルも増えたのですから、地上波の視聴率が下がったからといって、視聴者の総数が激減しているとは言えないでしょうが、少なくとも影響力が前ほどではなくなったのは確かでしょう。

私がNHKを退社したのは二〇〇五年。民放番組に本格的に出演するようになった二〇一〇年の段階で、ゴールデンアワーでの視聴率が一五パーセントを超えると、「高視聴率番組」と言われました。各局とも一五パーセントラインを超えようと努力していましたし、毎日どれかの番組は、これをクリアしていました。

ところが、最近はゴールデンアワーでも視聴率が一〇パーセントを超える番組が減

りました。一五パーセントラインは高すぎる目標になったのです。

複数の大学で教えている私の印象でも、若い人たちがテレビを見なくなっています。ラインでのやりとりやスマホでユーチューブを見たり、ゲームをしたりと、楽しむ手段が広がっています。テレビ画面でＨｕｌｕやアマゾンプライムの番組を見ている人も増えました。テレビは、動画を見る手段と化している気配もあります。

では、テレビの内容そのものも変化したのでしょうか。私は変わったとは思いません。変わったというなら、それは「見方が変わった」ということだと思います。

たとえばスマホでツイッターの反応を見ながら視聴するのです。ニュースでもバラエティでも、同じ番組を視聴している他の人の反応を見ながら楽しむようになってきています。私の選挙特番でも、そういう見方をしている人が増えています。

テレビは一人で見ているよりも、親しい人たちと、ああだよねとか、こうだよねとか、それは違うだろうとか言いながら見るほうが楽しいものです。昔は家族で揃って見ていた、それがすっかり生活も個人単位になりました。家族と暮らしていても、別々に、それぞれの部屋で見ていたりします。

でも、同意を求めたり、何か反応してくれたりする人がほしい。そんなときに他の人のツイートを見ると、あっ、同じだよねと思えたり、いや、こうじゃないのとコメントしたりもできる。それが現代のテレビの見方なのだと私は思います。

そうなると、作り方も変わるのでしょうか。

それは、作り手や出演者が、どこまでそういう現状に思いをめぐらすことができるかによるでしょう。

ラジオではリスナーからのハガキを取り上げたり、メールでの質問に答えたりすることは前から行われていたことですが、視聴者のツイートをリアルタイムで拾って取り上げていくテレビ番組も増えました。画面の下にツイートが流れるのを、モニターを見ながら「こんなことを言っているツイートがありますけれども」と取り上げたりするわけです。それによって双方向性も出てきます。

私の経験では、こんなことがありました。

数年前、ある番組で、天皇の生前退位の話題を取り上げたときのことです。出演者もみな自然に敬語になっていました。その雰囲気を指して、「言葉遣いに気をつかうテーマなんだね」といったツイートが流れてきます。そこで、それを取り込み、「いや、ほんとに言葉遣いに気をつかいますね」と発言すると、スタジオの場が和みます。視聴者も、自分たちの感想に出演者が反応してくれるので嬉しくなるでしょう。

いったん「言葉遣いに気をつかう」と言っておけば、出演者の敬語が少しくらいおかしくても笑って済ませられます。まるでラジオの深夜番組のような親近感も生まれます。

同じ番組では、こういうこともありました。ある出演者が、生前退位はヨーロッパの王室でもあるのですか、と質問したときです。すかさず、王室と皇室を一緒にするなという内容のツイートがきました。これは微妙な話題だと思い、「王室と皇室は一緒にするなというツイートが今ありましたけれども」とコメントしました。その共演者も気づいて、「あっこれは一緒にしてはいけない話ですけれども」と受けてくれました。このように、その場でこういう指摘のツイートがありますと紹介し、ああそうですね、とさっと同意することで、訂正という形を後からとらなくても、実質的にその場で訂正したことになります。これはうまくやれば、リスク管理にもなります。

テレビ東京の選挙特番

テレビ東京系列で、選挙特番のメインキャスターを務めるようになったのは、二〇一〇年七月の参議院選挙からのことです。

私にとってはNHKを辞めたからこそできた企画でした。というのもNHKで選挙特番を担当するのは政治部だからです。NHKでは、選挙区ごとの票読みと当選確実を画面で打ち出すかどうかの判断は、地方の各局が担当しますが、関東地方は社会部が担当していました。私も社会部記者時代、東京の選挙区の候補者たちを取材していましたが、全国向けの特番で画面に出るのは政治部記者だけ。私のような社会部記者の出番はありませんでした。

厳密に言いますと、「首都圏ニュース」のキャスター時代、関東各地の開票速報を担当したことがありますが、これは票数を読み上げるなど途中経過を伝えるだけで、全体の流れを仕切ったり、候補者にインタビューしたりということはありませんでした。ところがテレビ東京は、そんな私に声をかけてくれたのです。

先にも述べましたが、私が二〇〇五年にNHKを辞めた直後、そのことを人づてに聞いた同局の当時の政治部長・福田裕昭さんが声をかけてくれ、それ以降、いろいろな番組を一緒につくっていました。その福田さんからの依頼でした。そんな私がさて、どうするか。福田さんと相談しながら打ち出した番組コンセプトは、「家族で楽しめる選挙特番」でした。

それまでの選挙特番は、NHKも民放各局も、政治のプロの視点で政治に特別に関心のある人向けになっていました。これでは高い視聴率が望めません。政治に詳しくない視聴者が見ても面白くないからです。ここは徹底して素人の視線で政治の仕組みを解説し、候補者に素朴な質問をしようということになりました。

視聴者の視点で候補者に尋ねる

それまでの各局の選挙特番で私が不満だったのは、当選確実が出た直後の候補者インタビューです。当確が出ますと、選挙事務所に候補者が現れます。スタジオのキャスターあるいは解説者が中継で候補者に話しかけます。このときの内容がつまらないのです。次のようなやりとりになるからです。

「○○さん、当確おめでとうございます。いまのお気持ちをお聞かせください」

「ありがとうございます。皆さんのおかげです」

「当選を確実にした勝因は何だと思いますか？」

「私の真剣な訴えを有権者の皆さんが受け止めてくださったからだと思います。選挙中の反応もとても良かったのです」

「これから、どんなことに取り組まれますか？」

「有権者の思いを国会に届けることだと思います……」

こうなると、もはや様式美。変化球が飛び出す余地はありません。ひたすら建前の世界が続くだけ。キャスターとのやりとりの後は、政治評論家がプロとしての質問をしますので、いきなり内容が難しくなります。視聴者は取り残されてしまいます。

これを変えたい。こんな思いからキャスターを引き受けました。コンビを組むのはテレビ東京の大江麻理子アナウンサー。安定感抜群で視聴者の好感度が高く、私は候補者への質問に専念できる環境が整っていました。

タレント候補に質問する

候補者へのインタビューのときに、「議員になったら、どんな仕事をしたいですか?」という一般的な質問をしてはいけません。「お母さんたちが子育てしやすい環境をつくります」「待機児童をなくします」などといった、当たり障《さわ》りのない答えが返ってくるに違いないからです。これでは建前の話に終始してしまいます。

選挙では、スポーツ選手を引退した後に立候補する人も多くいます。どう見ても、知名度だけで候補者として引っ張り出されたという人がいます。そういう人に対しては、具体的な質問をすることで、本人の自覚や気構えがあるかどうか視聴者に伝わります。

たとえば、ある候補には「議員になったら、どの委員会に所属したいですか?」と尋ねました。衆議院でも参議院でも議員は、予算委員会や厚生労働委員会などに所属して、直面する問題を議論します。選挙に立候補する以上、「政治家として、この問題に取り組みたい」という熱い思いを持っているはずです。それならば、事前に国会のことを勉強し、所属したい委員会についてのイメージを持っているはずです。考えていなければしどろもどろになってしまいます。

あるいは、かつては「消費税反対」と言って当選したことのあるタレント議員が、消費税引き上げに賛成する政党に鞍替えして公認で立候補していました。そこで、「消費税に対する考えが変わったのですか？」と問い質すと、「いや、政党から出てくれと言われたので出たので、政策については打ち合わせしていない」。この候補者の資質や、この候補者を引っ張り出した政党の無責任さが浮き彫りになりました。

安倍総理を追及する

選挙特番では、各政党の党首にインタビューできるのが魅力です。個別インタビューにはなかなか応じない人も、選挙特番では各テレビ局に平等に対応しなければならないからです。安倍晋三総理も、自民党総裁の立場で出演します。生放送の限られた時間の中で、何を聞くか。各局キャスターの腕の見せ所です。

とりわけ印象に残っているのは、自公連立政権の与党が圧勝した二〇一六年の参議院選挙での特番中継です。総理の持論の「憲法改正」について質問し、次のようなやりとりがありました。少し長くなりますが、文字に起こして引用します。

「安倍総理の街頭演説をいろいろなところで聞かせていただいたんですけれども、憲法改正について語られていらっしゃいませんでしたね。それはどうしてなんでしょう?」

それに対しての安倍総理の答えは、

「憲法改正についてはですね、自民党はもうすでに立党六〇年を超えておりますが、立党以来、憲法(改正)は悲願でありますから、憲法を改正するということはずっと申し上げてきておりますし、今度、選挙公約にも書いております。また同時にですね、どのように変えていくかという点については、いわば私たちの考え方について谷垣(禎一)総裁時代に憲法改正草案をお示しをしている」

一般論で逃げようとしています。そして、次のように続けました。

「ただどの条文をどのように変えていくかということについては、まだ議論が収斂《しゅうれん》をしていないわけでございまして、(中略)憲法審査会で議論が煮詰まっていってですね、どの条文をどのように改正していくかということが決まって、まさにその国民投票のさいに、国民にこのことを問いかけるということになるんだろうと思います」

あれれ、憲法のどこをどう変えようとしているのかはっきりしません。ここからが核心です。

「どの条文をどう変えるのかで言えば、安倍総理は、以前は、憲法九条を変えるんだとおっしゃっていたこともありますし、憲法九六条を変えて改正（発議）要件を緩和するんだとおっしゃっていたこともあります。ところが、今回はそれをおっしゃらないんですね。どうしてでしょう？」このように尋ねました。

「政治というのは現実どうなっていくか、結果を残していかなければいけないわけでありまして、ただ自分の要望を示すのではですね、これは政治ではないんですね。つまり憲法を変えるということについて言えば、まさにどの条文をどう変えていくか、（国会で改憲賛成勢力）三分の二を形成していかない限り、それは意味のない議論なんだろうと思っています」

もう一歩踏み込みたい。そこで、

「つまり総理大臣になられてから、これからはやはり現実の政治としていろいろやっていく方針があるんだよとこうおっしゃるわけですね」と問うことで斬りこもうとしたのですが、その質問への直接の答えはありませんでした。

「それはあたりまえの話であってですね、あと、また、私は行政府の長であります。行政府の長としてまずは、行政としてすぐに進めていくことについて、これはイギリスがEUを離脱するということも決まりました。また伊勢志摩サミットにおいては、そういうことも含めて経済の先行き、不透明感が増している中においてしっかりとやるべきことはやっていこうということがありますから……」

話をずらしていることがわかりますね。憲法論争を真正面からしたくないという気持ちが出ています。ここですでにやりとりは三分あまり。次の話題に移らなくてはならず、追及は時間切れになってしまいました。

このときから四年、憲法改正は安倍総理の悲願でありつづけています。このときも、いまになって思えば、もっと追及することができたはずです。安倍総理は「ただ自分の要望を示すのではですね、これは政治ではないんですね」と答えています。これは重大な発言です。政治家なのですから、国民に向かって、自分の思いを語るべきではないか、と問いかければよかったと反省しています。このときの安倍総理は、要するにとにかく憲法を変えたいんですということを言っていたのですが、何をどう変えようとしているのか、そこを突けばよかったのです。

「あれっ？　安倍総理は憲法のどこを変えたいんですか。憲法を変えることが目的なんですか？」と。どこであろうと憲法を変えればいいのですか？　結局、憲法を変えた総理大臣という名前が欲しいのですか？　憲法を変えること自体が自己目的化していませんか？　そこまで言えばよかったのですが。

テレビ東京選挙特番の視聴率は、回を重ねるにつれ上昇し、二〇一二年の二回目（第四六回衆院選）からは民放トップに、二〇一三年の三回目（第二三回参院選）からは時間帯によってはNHKをも上回るようになりました。

この結果、他局に追われる立場になりました。それまでテレビ東京は、他局とは競争しない、独自の放送をしてきましたが、他局に真似されるようになりました。

かつては、開票結果は番組をずっと見ていなければわかりませんでした。このときは「開票速報」でよかったのです。ところがいまは、午後八時になった途端、出口調査の結果で各党の最終獲得議席予想が出てしまいます。こうなると、それ以上見なくても結果がわかります。開票結果の速報合戦をしても意味がないのです。

速報ではなく、選挙を機会に、政治について楽しく学んでほしい。これがテレビ東京の特番のコンセプトです。視聴者が望んでいるのは「開票速報」ではない。これにいち早く気づいたことが勝因だったと思うのです。

15 「人の話を聞く」ということ

聞き下手で苦労した駆け出し時代

駆け出しの記者は、地方で警察回り、いわゆるサツまわりから仕事を始めます。刑事から情報をもらわなければいけないのですが、最初の赴任地、松江放送局でサツまわりを始めた頃は、まったく相手にされない日々が続きました。何とか早く人間関係を作りたいと焦りましたし、苦労もしました。人間関係を作るには、まず会話から、ですが、実は私はそれが苦手でした。

「会話が苦手だった」と言うと意外な顔をされるかもしれませんが、人見知りだったのです。見知らぬ人と会話をするなど、とてもできませんでした。それなのに、記者になってしまったのです。

記者は、誰とでも会話ができなければ仕事になりません。覚悟を決めて刑事相手に会話をしようとするのですが、会話それ自体が、なかなか成立しません。その理由は、自分がしゃべりすぎることにありました。

相手がのってこなかったり間がもたなかったりすると、焦ってしまい、何とか会話を成立させよう、続けようとして、自分で一方的に話してしまうのです。これでは会話のキャッチボールになりません。

だから相手ものってこないし、いい話も聞けないのだ、沈黙を恐れず、聞き手に徹することが大事だと気づいたのは、ずっとあとになってからのことです。

そのきっかけは、ある人と話していて、長い時間、気持ちよく話せたことでした。充分話せた気がする、それはなぜだろう。あとで振り返ると、その相手が聞き役に徹してくれ、適度な相槌《あいづち》を交えて笑ったり驚いたり、タイミングのよい反応を伝えてくれていたからでした。

相手は「あなたの話は面白いですよ」というメッセージを送り続けてくれ、私は無意識にそれに励まされて話していたのです。

人間は関心を寄せてくれる人に好意を持つものです。興味深く聞いてくれることは励みになります。会話のキャッチボールは相手の投げたボールを受けることから。言うは易し、これが意外に難しいのですね。

相手に教えを乞う

まず聞き手に徹することです。とはいっても、聞き手になること自体、簡単ではありません。ではどうしたらいいのか?

先ほどの例をとると、警察を毎日回っていても、「何かありませんか?」しか言えなければ、相手にされません。「ないよ」という返答が来て終わってしまうからです。

私の場合、結果としてうまくいったのは、自分の知らないことについて教えを乞うという方法でした。

たとえば、駆け出しの松江放送局時代、島根県警察本部の中を回っているうちに、当時深刻になりつつあった公害問題について、担当者に教えを乞うたことがありました。公害について警察としても刑事事件として捜査する方針を打ち出していた頃です。一般的な公害のイメージはわかりますが、警察が扱う「公害問題」とはどんなものなのか。忙しそうでないときを見計らって担当者に質問したのです。

駆け出しの記者が熱心に聞いてくれれば、悪い気はしません。丁寧に説明してくれました。もちろん捜査の秘密を教えてくれるわけではありませんが、基本的な方針や考え方がわかるだけで、その後の取材に役に立ちました。

また、このときの「教えた―教えてもらった」というささやかなことが、いわば共通体験になり、その後、その相手との会話を進めやすくもなりました。

当時はそこまで考える余裕もなく、数年たって当時を振り返り、思い至ったことです。余裕がなかったことが、相手にも下心を感じさせず、かえってよかったのかもしれません。

その後、東京の社会部で警視庁の捜査一課と捜査三課を取材するようになってからは、刑事から過去の武勇伝や失敗談を聞き出すことにしました。現在捜査している内容については話してくれないからです。

過去の武勇伝なら、刑事たちも快く話してくれます。それを聞いているうちに「そうか、警察の捜査とは、こういう風に進めるものなのか」ということを学ぶことができました。

刑事にしても、若い記者が目を輝かせ、熱心に聞いてくれれば悪い気はしません。そのうちに捜査についてのヒントをくれるはず……だったのですが、そうはいきませんでした。

言葉のかわりに表情で話を引き出す

その後、テレビカメラの前でインタビューをするようになりました。テレビでのインタビューは、ほかの媒体でのインタビューと違うことがいくつかあります。

そのひとつは、「そうなんですか」「ええ」などと声に出して相槌をうってはいけないということです。聞き手の声が入ると編集しにくくなるからです。

ではどうするのでしょうか？

雑誌や新聞のインタビューならせっせと相槌をうつところを、かわりに声には出さずに首をふってうなずくのです。相手の言葉を聞くたびに「ウン、ウン」と大きくうなずくことは、「しっかり聞いていますよ」という意思表示にもなります。

「どういう意味ですか？」と聞きたいときには、質問するかわりに「はっ？」という顔をして小首を傾《かし》げます。マイクを向けたまま、わからないという表情を全身で示すのです。そうすることで、これでは説明不足なのだとわかってもらえて、相手のほうから言葉をついでもらえます。テレビでは聞き手の顔は見えませんから、視聴者からすると、話し手が、わかりにくい点に説明を足してくれているように感じられ、好感度もアップします。

「この話、面白いです！　もっとしてください」と伝えるときも同じです。考えてみると、これは聞き下手な人にも応用できるコツです。

先ほど述べた昔の私のエピソードのように、相手の面白い話をもっと聞き出せるはずなのに、自らさえぎって話をまとめてしまう、という人はけっこう多いものです。話が途切れることの不安がそうさせるのです。

しかし、言葉で場をもたせなくていいのです。よけいなことを言わなくても顔で示せばいい。黙っていれば、向こうのほうから、場をもたせようとして発言してくれるでしょう。

相手の顔を見て、話をよく聞くようにすると、もうひとつよいことがあります。相手が一瞬言いよどんだり、微妙に表情が変わったりするのにも気づくことができるのです。

「あれっ？　いまこう言っているけど本当は何か考えているでしょう」

「今そうおっしゃいましたけど、ずいぶんうれしそうに言ってますね」

と返せば、相手の反応は違ってきます。

これは、相手に斬り込むタイプのインタビューでも、気持ちよく話してもらおうというインタビューでも、同じです。

頭のすみにメモをして話を戻す

インタビュー中、頭のすみにメモをする習慣を身につけると、あとでまとめたりするときに、役立ちます。

たとえば相手が、使えそうなうまいフレーズを口にしたり、興味深いことに触れてくれたりしたら、「あっ、ここはあとでまた聞かないといけないな」と頭のすみにメモしておくのです。そして、しばらくしてから「さきほど、こんなことをおっしゃっていましたね」と話を深めていきます。

自分がインタビューを受ける場合も同じです。たとえば、私が質問に答えているのにインタビュアーがさえぎって語り出してしまい、話がそれていってしまうことがあります。そんな場合も、必要だと思えば「さっきの話に戻りますけど」とこちらで話を戻すようにしています。

選挙特番では相手の表情も引き出す

選挙特番でのインタビューは、選挙事務所にいる政治家といつつながるか不確定ですし、シミュレーションもしにくいものです。ですので、限られた時間に何を聞き出すか、事前に考えておきます。一言二言、メモしておくこともあります。

政治家への中継インタビューでは、画面を左右に二分割して、片方に政治家、片方に私というカット割りをよく使います。

この画面構成だと、政治家の言葉を受けて私が驚いた顔をしたり、そんなことを言うんですか？　という表情をしたりすることで、どういう受け止め方をしているか、自然に視聴者にわかってもらうことができます。テレビという媒体の特長をいかしたスタイルです。

ポーカーフェイスで慎重に言葉を選ぶ百戦錬磨の政治家でも、ときに反応が表情に出ることがあります。映像は実に雄弁です。

また、各放送局に割り当てられたわずか数分の慌ただしいインタビューですが、相手の発言の中で「あっ、これは」と思う瞬間があります。それは微妙な言葉遣いによるもので、視聴者にはわかりにくいことも多いのです。だから、私の表情を見ていてほしい、そうすればわかる、それを狙った演出でもあります。

政治家の本音を聞き出すために、敢えて挑発的な質問をすることもあります。相手は思わずむっとする。そのときに本音や人間性が出たりします。

たとえ挑発的な質問であっても、きちんと受け止めて答える政治家もいれば、話を逸らしたり、長々と意味のないことをしゃべって私の質問時間を短くしようとしたりする政治家もいます。テレビを見ている人には、その政治家の人間性がわかるのです。これがテレビの恐ろしいところです。

「インタビューの最後に池上さんが『要するにこういうことですね』と言い放って相手は時間切れ、言い返せないということがあるけれども、これはテクニックですか?」と聞かれることが、ときどきあります。そう見えるかもしれませんが、これはただ、時間がないからなのです。

ただ、次のような意図はこめています。政治家が、彼ら独特の言葉遣いで、視聴者や私をけむに巻こうとしている、視聴者には政治家の言っている内容が本当の意味で理解しにくいかもしれない。それを私は解説しているのですよ、と。

聞き手の反応を見ながら話す

インタビューに限らず、話をするときには、「相手にあわせる」ことが大切です。相手にあわせるということにはいくつかの要素がありますが、速度もそのひとつです。

私はどちらかというと、普段は早口なほうです。テレビでも、観ている人にすっとわかりそうな話は早口で話します。ただ、国際情勢などで、わかりにくいと思われる言葉が出てきたときには、その部分は意識してゆっくり、かんでふくめるように話します。

大学の授業では、学生の顔を見れば、理解できているかどうかわかります。みんながふんふん納得しながら聞いている感じならどんどん話しますし、ちょっと首を傾げ始めたら、あっ、ここは、と少し戻り、もう一度ゆっくりやり直します。

この「ゆっくり」とは自分の体感、いわば感覚的なものです。言葉をはさんでゆっくり話す「ゆっくり」、速度を落とす「ゆっくり」、間をとる「ゆっくり」と、いくつかありますが、それを使い分けるのです。

たとえば、日銀の金融政策を取り上げるときは、「ここまではわかるかな?」といったん言葉をはさんでから、「各銀行は日銀に預金口座を持っているんだよ。どうしてだと思う?」

学生の反応を見ながら、双方向のコミュニケーションになるように、ゆっくり時間をかけるのです。

テレビの場合は、視聴者の反応は想像するしかありませんが、ひな壇にいるタレントの反応で、ある程度わかります。

ひな壇のタレントの並び方は、実は、前列はニュースにある程度詳しい人、後列は詳しくない人という配置になっています。この並びは、本人たちもわかっています。両方を見ながら話をするわけですが、大切なのは、後列の人たちが理解できるかどうかです。彼らがわかりにくいという顔をしていたら、もっと説明しないといけないな、と思います。

ただ、後列にわかってもらうことばかり考えると、前列の人が退屈してしまいます。そうならないよう、たとえば、前列の人に「こういうことでしたよね」と同意を求めながら後列の人に理解してもらえるように考えます。

視聴者の感覚を教えてくれるもの

ここまで書いてきたように、この仕事は、自分の中の感覚が頼りのところがあります。長いことこの仕事をしていると、その感覚がずれたり、普通の人は何がわからないのか、何が面白いと思っているのか、わからなくなったりする危うさもあります。

その点でありがたいのは、まわりのスタッフの反応です。

「ぜひ番組で取り上げよう」と私が提案したニュースのテーマについて、制作会社の、普段はバラエティ畑の若いディレクターたちに「何がすごいんですか?」と聞かれて思わず絶句することもあります。しかしそこで「そんなこともわからないのか」ではなく、「どうやったらそのことをわかりやすく説明できるか」と考えます。そういうことが、私にとっては貴重なのです。

NHK時代の「週刊こどもニュース」がうまくいったのも、子ども向け番組のプロではあるけれどもニュースは普段観ていない、というようなスタッフだったからです。

そのような意味で、大学で教えながら学生の反応を知ることも、役に立っています。

ある大学の講義で、ロシアについて取り上げたときのことです。学生たちが生まれたときにはソビエト連邦はすでにありませんでした。ですから、ソ連の話をしても、そもそもどんな国だったのか、想像するのも難しいものです。

ロシアのプーチン大統領は元KGB（ソ連国家保安委員会）のスパイだった、ロシアには建前として言論の自由はあるけれど、プーチン政権を批判して何者かに殺害された記者が大勢いる、と話すと驚いた反応です。

授業が終わると、一人の学生が来て聞きました。

「でも大統領って選挙で選ばれているんじゃないですか」

「そうだよ。プーチンは選挙で選ばれて絶大な人気があるんだよ」と言うとびっくりしています。

プーチン大統領を批判するテレビはなく、テレビも大手の新聞も、プーチン大統領について好意的な報道をする。誰も批判しなくなっている。だから支持率も高い。

そう聞いてびっくりしている彼らにどう説明するか。ハードルは高いのですが、これが、私がいつも挑戦している課題なのです。

16 新聞をめぐる連載で考えたこと

「新聞ななめ読み」の由来

NHKを辞めてから、活字の世界に片足を置きつつ、民放のテレビ番組に出演するスタイルで仕事をしているうちに、「新聞にコラムを書きませんか」という話が来るようになりました。

不思議なものです。就職活動では、新聞社を受けるかNHKを受験するか迷いました。結局、テレビの世界に進んだのですが、結果として新聞に関わる仕事もするようになったのですから。

もし私が新聞記者の道を進んだら、おそらくコラムの連載はできなかったと思います。新聞のコラムは、その新聞社の中の手練《てだ》れ、筆の立つ記者が担当するからです。私のようなものでは、到底仕事が来なかったでしょう。外部執筆者という枠だったので、コラムを書くことができるようになったのだと思います。

最初は、「週刊こどもニュース」を担当していたこともあって、「毎日小学生新聞」でニュース解説の連載を始めました。

次に広島に本社のあるブロック紙「中国新聞」からコラム連載の打診がありました。私がNHK呉通信部で勤務していた時代、中国新聞呉支社にいて親しくしていた記者が社長に出世していたからです。「おい、池ちゃん、コラムを書いてくれないかね」の一言で決まりました。

やがて、現在も連載中の、朝日新聞の「新聞ななめ読み」を担当することになりました。

「新聞ななめ読み」は、あるテーマについて新聞数紙の記事を取り上げ、論じるコラムです。二〇〇七年四月にスタートしました。

最初は、東京本社の夕刊編集部からの依頼でした。毎週月曜日の夕刊に連載されるコラムです。新聞各紙を読んで評論する形の連載にしてほしい、何を書いても結構です、という提案でした。

「新聞ななめ読み」というタイトルは、私のアイデアです。連載が始まるとき、「いろいろな新聞をさーっと読んだという意味にも取れるし、少し斜《しゃ》に構えて皮肉を込めて書くというふうにもとれる、両方を兼ねて、ななめ読みでどうですか？」と提案したのでした。

新聞記事にはわかりにくいものが多い。なんとかわかりやすいものになってほしいという思いで始めた連載でした。夕刊ですから気軽に読んでもらえるよう、軽いタッチを心がけました。

第一回に取り上げたのは、不動産の公示価格が上昇したという記事です。朝日新聞が「イールドギャップ」という専門用語を説明不十分なまま使っていることを指摘したのでした。

新聞各紙を俎上に上げて論じるという連載は当時珍しかったこともあり、読者や新聞社内からの反応も大きく、最初は楽しく書いていました。しかし、やがて毎週の連載は荷が重くなりました。常に新しい視点で書くのは大変な重労働です。

他の仕事も増えてきたので、三年ほど経ったところで、連載をやめたいと申し入れました。夕刊編集部は了解してくれたのですが、それを聞いた全国版の朝刊オピニオン面担当の編集者から、「週一回が負担だったら月一回のペースで書きませんか」という話をいただきました。

こうして二〇一〇年四月からは、毎月一回、最終金曜日の朝刊掲載となりました。夕刊から朝刊へ。しかもオピニオン面での連載となると、心構えも変わってきます。夕刊用の軽いタッチではなく、オピニオン面まで読むような意識の高い読者層を想定するようになりました。「この記事はわかりにくいよね」というテーマももちろん取り上げますが、「わかりにくさ」という軸だけではなくなりました。

新聞業界の人たちも読むでしょうから、「面白くない」「笑えます」「驚きました」など相当きつい表現もあえて使いました。

月一回の掲載となったことで、直近のニュースに限らず、その月のどのニュースでも取り上げることができるようになりました。問題の本質的なことまで踏み込んで論じなければ、というふうになりました。

自分なりのメディア評論を

　このコラムは金曜日に掲載なので、前日の木曜日に入稿します。そのためには水曜日に原稿を送ることが望ましいということになります。前もってテーマを決めておいて記事を集め、これでいこうということもたまにありますが、たいていは、どんなテーマを取り上げるか直前まで悩みます。新聞各紙を隅から隅まで読んでネタ探しです。

　取り上げる記事は最低三つあれば、比較対照ができます。まずは、摑みを何にするかから考えます。突っ込みどころのある記事を見つけたときには、しめたと思いいます。どうも性格が悪いですね。もちろん優れた記事や見事な文章を素直に褒めることもあります。記事を引用しながら書くので、それだけでかなりの長さになります。ひと通り書いてみて、かなりの分量になったものを、ここを少し削って、一行減らしてというように調整していきます。

　紙面を比較するということは、新聞をいわば「だし」にした自分なりの評論になります。

月一回になってからは、政治にしてもメディア業界の話にしても、かなり微妙なテーマを選ぶことが多くなりました。たとえば、新聞に軽減税率を適用することの是非や、高市早苗総務相（当時）の放送法をめぐる発言などの話題も取り上げました。

新聞の調査報道を評価するコラムも書きました。

「調査報道」とは、官公庁などの発表に依拠せず、メディア独自の責任で取材・報道する手法です。手間がかかりますし、企業や政治家、官公庁の不祥事を暴くことも多くなるので、その反響を考えると、報道することに慎重になりがちです。その結果、調査報道が萎縮してしまうことは、メディア全体の危機につながるという思いがあります。調査報道にはがんばれと言いたい、そのような記事を評価し、励ますのも、役目だと思っています。

「朝日新聞騒動」に巻き込まれる

二〇一四年九月初めのことでした。私が朝日新聞に「新聞ななめ読み」の執筆を打ち切ると申し入れたことが大きく報道され、思わぬ騒動に巻き込まれました。

発端は、朝日新聞が八月五日、六日の両日にわたって、過去の「慰安婦報道」を検証する特集記事を掲載したことです。毎月のコラムで何を書くかは私の自由に任されていましたが、このときだけは違いました。事前に担当者から、検証特集を取り上げてほしいと要望されたのです。私のコラムは、是々非々《ぜぜひひ》の立場で新聞記事を論じますから、私に依頼すれば、厳しいコラムになる可能性があります。そんなリスクを覚悟して依頼してきたのだと受け止めました。

特集記事は、朝日新聞として過去の報道が誤りであったことを認めるものでした。問題の報道は一九八二年のこと。吉田清治という人物が、自らの体験として、「済州島で二〇〇人の若い朝鮮人女性を慰安婦として強制連行した」と〝告白〟したことを報じました。ところが、これが虚偽の証言だったというのです。朝日以外のいろいろなメディアが吉田氏の証言に疑問を投げかける記事を書いてきましたが、朝日は訂正をしませんでした。

しかし、あまりに多くの批判を受けてきたからでしょう、このとき朝日は初めて事実関係を検証した上で、誤報であることを認めたのです。

この点で率直な自己批判記事ではあったのですが、吉田証言に疑問が出たのは一九九二年のこと。その時点で朝日新聞として検証し、訂正をしておけばよかったのに、なぜそれができなかったかの検証がありませんでした。

さらに私に違和感があったのは、これだけ重大な誤報を訂正したのに謝罪の言葉がなかったことです。たとえばテレビ報道では、間違いがあって訂正するとき、キャスターは、「お詫びして訂正します」とコメントします。それが当たり前の世界で仕事をしてきた身としては、訂正してもお詫びなしの態度に驚いたのです。これでは検証記事として不十分。そう考えた私は、八月二九日掲載用のコラムを次のように書き出しました。

「過ちがあったなら、訂正するのは当然。でも、遅きに失したのではないか。過ちがあれば、率直に認めること。でも、潔くないのではないか。過ちを訂正するなら、謝罪もするべきではないか」

この原稿を出した翌日、朝日新聞の担当者から「至急会いたい」という連絡がありました。会ったところ、「記事の内容が厳しすぎると〝上〟が難色を示している。このままでは掲載できない」というものでした。

新聞社には（出版社も放送局もそうですが）編集権というものがあります。筆者が書いたものに注文をして書き換えてもらったり、場合によっては没にしたりすることができます。そこで私は「編集権はそちらにありますから、没になっても文句は言いませんが、コラムの執筆を始めたときに自由に書いてくださいと言われました。その信頼関係が崩れたのですから、以後、コラムの執筆はお断りします」と答えました。

実は単なる編集権の問題ではなかったのです。〝上〟というのは、社長ないしは経営幹部でしょう。編集の現場に経営が口を出して方針を変えさせるのでは、編集の独立性は保てません。新聞社として自殺行為なのです。

この後、テレビ局の取材で行っていたロシアに、週刊誌から経緯について取材の電話が入りました。私は誰にも話していなかったのですが、朝日新聞内部で経緯を知った人が内部告発したのでしょう。それ以降も、次々に取材の電話が入り、取材攻勢の嵐に巻き込まれました。

ところが、このことが報道されると、朝日新聞社の記者たちが、次々にツイッターで朝日の批判を始めたのです。自社の編集方針に異議を唱えて編集幹部あるいは社長を批判する。それがどれだけ勇気のいることか、会社員の経験がある人ならわかるでしょう。朝日には気骨のある記者もいるし、批判を許すだけの空気が社内に存在することを感じました。

社の内外から多くの批判を浴びた結果、朝日は方針を変更。いったんは掲載を拒否した私のコラムを九月四日付で掲載しました。このコラムを読んだ朝日の記者たちからは、「至極真っ当な指摘であり、この程度の内容で掲載を拒否したとは、どういうことだ」という感想が寄せられました。

「罪なき者、石を投げよ」

このときの朝日の掲載拒否をめぐって、さまざまなマスコミ媒体が朝日叩きを展開しました。それを見て私は週刊文春の連載コラムで「罪なき者、石を投げよ」というタイトルの文章を書きました。これは新約聖書の一節を踏まえています。

「あなたたちの中で罪を犯したことのない者が、まず、この女に石を投げなさい」

（新共同訳『新約聖書』「ヨハネによる福音書」より）

イエスの時代、姦通の罪を犯した女性は石で打ち殺すことになっていました。その罪で捕えられた女性がイエスの前に引き出されたとき、イエスが言ったとされるのが、この言葉です。「これを聞いた者は、年長者から始まって、一人また一人と、立ち去ってしまい、イエスひとりと、真ん中にいた女が残った」（同書）。

このタイトルにしたのは、朝日を批判する新聞社は朝日に「石を投げる」ことができるのですか、という問いかけをしたかったからです。同コラムには次のように書きました。

〈私は、かつて、ある新聞社の社内報（記事審査報）に連載コラムを持っていました。このコラムの中で、その新聞社の報道姿勢に注文（批判に近いもの）をつけた途端、担当者が私に会いに来て、「外部筆者に連載をお願いするシステムを止めることにしました」と通告されました。この記事審査報には、私以外に四人も交代で連載していたのですが、全員の連載が終了しました。

後で新聞社内から、「経営トップが池上の原稿を読んで激怒した」という情報が漏

れてきました〉

コラムでは新聞社の名前を伏せましたが、こういう書き方をすれば、どこかわかりますね。読売新聞です。執筆者の中で池上だけを外せば、社内に言論の自由がないことがわかってしまいます。そこで、「システムを止める」ということにしておけば、問題にはならないだろうというのでしょう。他の外部執筆者の方々は、私の道連れで全員外されてしまいました。この手法は、朝日よりは〝洗練〟されていますが、この社に朝日の批判はできないでしょう。

経営と編集の関係はどうあるべきか

朝日新聞が私のコラムの掲載を拒否したことでクローズアップされたのは、新聞社の社内で編集権はどこまで尊重されるのか、という問題でした。新聞社の社長ないし経営陣は、新聞社の経営に責任を持ちます。経営に責任を持つ以上、経営に影響の出るような紙面づくりに関しても口を出す、つまり掲載を拒否したり、掲載を命令したりできるはずだという考え方があります。

その一方で、経営陣が編集に口を出すようでは、編集局の独立性が維持できません。取材の依頼を受けたり執筆を依頼されたりしても、後になって「経営陣の命令で掲載できなくなりました」と言われるかも知れない。そんな新聞社は相手にされなくなるでしょう。

気骨のある雑誌の編集長は、たとえ出版社の社長が口を出そうとしても敢然と拒否します。社長も、拒否されることがわかっていれば個々の雑誌の編集方針に口を出すことはありません。こうした関係があってこそ、その雑誌の評価は高まるのです。では新聞社はどうなのか、ということなのです。

この問題が起きた後、朝日新聞社は、経営と編集の関係についての指針を定めました。大要は次の通りです。

■経営と編集の関係　編集の独立尊重、原則不介入
・経営陣は編集の独立を尊重し、原則として記事や論説の内容に介入することはしません
・経営に重大な影響を及ぼす事態であると判断して関与する場合には、関与の責任が明確

になるよう、ルールをつくります
・社外監査役も出席する取締役会に正式な議題として諮るなど、議論を記録に残します
・社外の複数の有識者で構成する常設機関を設け、意見を求めます
・編集部門内に判断の根拠を開示して意見を求めるなど、経緯を透明化します
(https://www.asahi.com/shimbun/3rd/2014122601.pdf)

経営と編集の関係はどうあるべきか。朝日は、社内で議論を繰り返した結果、以上のようなルールを定めたのです。

朝日の新しい方針を見て、私はコラムの執筆を再開することにしました。朝日の〝再生〟に期待したのです。

この問題では、ライバル紙が朝日に対する批判を大々的に展開しました。しかし、新聞社間の争いを見て、新聞業界全体に愛想を尽かした読者も多かったようで、朝日ばかりでなくライバル紙も部数を減らす結果になりました。

この騒動の結果、私は、メディアをめぐる問題が起きるたびに、新聞社や雑誌編集部から見解を求める取材を受けるようになりました。ふだんからメディアについて考えることが多かったとはいえ、この騒動をきっかけに、一段とメディアのあり方を考えることになりました。

仮にいま、朝日の掲載拒否のようなことが再び起こったら、あれだけの騒動になるでしょうか。いや、ならないような気がします。あの頃は、それでもまだ新聞に対する信頼感を多くの人が持っていました。だからこそ「裏切られた」と考えた人が多く、大きなニュースになったのでしょう。

しかし、多くの人がネットでニュースを得るようになったいまは、紙の新聞への関心が薄れてしまったように思えます。同時に信頼も薄れました。「新聞なんて、そんなもんだろ」という冷ややかな視線を浴びるだけではないか。そんな気がします。

この一件以降、朝日は紙面改革を進めました。また、以前の朝日なら登場しなかったであろうような保守の論客の論考を掲載するようにもなりました。賛否両論が交錯する問題が惹起されると、賛成・反対両方の論者を紹介するようになりました。そのこと自体は歓迎できるのですが、一方で、以前のような元気さが薄れてしまったような気がします。「両者の意見を紹介してバランスをとっておけばいいんだろう」というような気配を感じてしまうのです。

朝日新聞は、昔から右派メディアに叩かれてきました。かつての「週刊文春」による一連の朝日批判は仮借ないものでしたが、これは多分に商業的な理由によるものでした。当時は「朝日叩き」を特集した雑誌は売り上げが伸びたからです。しかし、いまや朝日の批判を特集したところで、大きな影響は出なくなりました。「どうせ、そんなもんだろうよ」という冷めた見方が広がっているように思えます。

朝日に元気がないと、新聞業界全体が沈滞します。〝叩き甲斐〟のある新聞として頑張ってほしいと切に願います。

新聞は生き残れるか

朝日の一件は新聞業界全体に打撃を与えましたが、その後も新聞の発行部数は減り続けています。先日は、あるブロック紙（全国紙と地方紙の中間の、複数の県にまたがる広域を対象に発行している新聞）の若い記者からこう尋ねられました。

「最近、若い記者が次々に辞めているんです。将来への展望が持てないという理由で。新聞に未来はあるんでしょうか？」

切実な問いかけです。

かつてニュースを掲載する場（プラットフォーム）は、紙の新聞でした。しかし、いまやプラットフォームはネットであり、ＳＮＳです。紙の新聞を購読する人が減れば、新聞社の収入は減少します。電子版でニュースを伝えるようになっても、電子版では十分な収益は得られません。収益が減れば、取材費も削られ、人員も削減されるでしょう。これが「将来への展望が持てない」ということになっているのです。それに対する答えはまだ見つかっていません。

これからの新聞はどうなっていくのか。どう生き残っていけばよいのか。

ざっくりとした言い方ですが、速報機能として出来事を伝える記事と、読み物、調査報道などの読みごたえのある掘り下げた記事とに二分化していくのではないでしょうか。

最近の日経新聞は、速報記事は電子版に掲載し、紙の方には長文の解説を書くという分担を取っています。

同紙の中興の祖と言われる元社長・円城寺《えんじょうじ》次郎は、かつて、うちは特ダネを書く新聞ではない、切り抜かれる記事を書く新聞だ、と述べました。切り抜かれる記事を書けというのは、きちんとした解説、分析の記事を書けという意味です。この言葉に、これからの新聞の、ひとつのヒントがあるのではないでしょうか。

アメリカを見ると、ワシントン・ポストやニューヨーク・タイムズは、速報は通信社に任せ、記者は長文の解説記事を書きます。日本もそれに近い方向に進んでいくのではないかと思います。日本は新聞各社が横並びで同じような取材活動をしています。その結果、事件の関係者の家に大勢の新聞記者が押し掛けるという「メディアスクラム」が起きています。事件直後の取材なら、通信社に任せておけばいいのではないか。その上で、通信社の記事を元に事件を再検証し、突っ込んだ記事を書く。場合によっては事件の一報の間違いを指摘する。それが新聞社の仕事だと思うのです。

新聞が生き残るために重要なのは、記者の取材力を生かして、どれだけ読ませる記事を生み出すことができるかです。

毎日新聞は二〇一〇年四月、共同通信に再加盟しました。再加盟というのは、実は毎日新聞は一九五二年に朝日、読売と共に共同通信を脱退していたからです。それ以来、半世紀ぶりの再加盟です。

共同通信は、加盟している新聞社や放送局がコストを負担することで運営されている社団法人です。加盟社は共同通信からニュース記事の配信を受け、それぞれの紙面や放送に使用しています。毎日新聞は一九五二年に脱退して以来、契約社として外信記事だけの配信を受けていました。

どうして毎日など全国紙三社が共同通信を脱退したのか。それは、共同通信の運営費の多くの部分を負担していた三社が脱退することで、共同通信の経営に打撃を与え、地方紙に配信する記事内容を貧弱にさせて地方紙のシェアを奪おうという戦略だったのです。しかし、このやり方には地方紙が危機感を募らせ、三社が抜けた分の分担金を負担することで共同通信の経営を支えました。

毎日新聞の再加盟は、部数減少で経営が苦しくなってきたことによる経営合理化が大きな目的です。自社の取材網を縮小し、その穴を共同通信の記事で埋めようというわけです。

ただ、これをきっかけに、日常の取材は共同通信の記事に任せ、毎日の記者は、もっと自由に取材に飛び回ったり、長文の解説記事を書くゆとりができたりすれば、新聞の新しい可能性が生まれるかも知れません。きっかけは経営不振だとはいえ、この方式に注目しています。

おわりに

私は九年前に六〇歳、還暦を迎え、自分の仕事のことを改めて考えるようになりました。平均寿命が八〇歳を超える高齢化社会ではありますが、昔風に考えれば、よくぞここまで生きてくることができたと考える年齢です。

自分がここまで来ることができたのは、もちろん家族はじめまわりの人々のおかげですが、社会が私を育ててくれたとも言えます。

ここからは社会に恩返しをしなければならない。そう考え、話もいただいて、複数の大学で若者たちに教えることを始めました。と同時に、ジャーナリストとして社会に貢献できることはないかと考えるようになりました。

考えて行きついた答えは、「わかりやすいニュース解説をこれからも続けていくこと」です。

「フェイクニュース」という言葉が、ここ数年、普通に聞かれるようになりました。民主主義社会は、多様な人々の意見によって成り立っています。もし間違った情報によって、それが歪められてしまったら、民主主義の危機でしょう。

たとえば、イギリスのEU離脱決定は、国民投票という最も民主的と思われる方法で決まりましたが、離脱が決まった後になって、「離脱すれば、こんなにいいことがある」という宣伝の多くがフェイク（嘘）だったことがわかりました。フェイクで世論が動いたのです。恐ろしいことです。そんなことにならないためには、メディアによる情報のチェック機能や、正確で理解しやすい情報の提供が欠かせません。

健全なメディアは民主主義の基盤となります。そんな民主主義のインフラづくりに関わっていきたい。

「わかりやすい解説」を通して、考える材料を提供する。その積み重ねを続けていく――それが私の果たすべき役割ではないかと改めて思うようになったのです。

この本をまとめるに当たっては、講談社の堀沢加奈さんに御世話になりました。感謝しています。

本書はＰＲ誌「本」二〇一八年四月号～二〇二〇年一月号連載を
加筆修正したものです。

池上　彰　いけがみ・あきら
ジャーナリスト。一九五〇年、長野県松本市生まれ。慶應義塾大学卒業後、一九七三年にNHK入局。報道記者として、さまざまな事件、災害、消費者問題、教育問題などを担当する。一九八九年、記者キャスターに起用され、一九九四年からは一一年にわたり「週刊こどもニュース」のお父さん役として活躍。二〇〇五年よりフリーになり、執筆活動を続けながら、テレビ番組などでニュースをわかりやすく解説し、幅広い人気を得ている。また、大学で教鞭をとる。著書に『相手に「伝わる」話し方』『わかりやすく〈伝える〉技術』（ともに講談社現代新書）、『伝える力』（PHPビジネス新書）、『池上彰の 未来を拓く君たちへ』（日経ビジネス人文庫）など多数。

伝《つた》える仕《し》事《ごと》

二〇二〇年五月二六日　第一刷発行

著者　池上《いけがみ》　彰《あきら》
発行者　渡瀬昌彦
発行所　株式会社講談社
東京都文京区音羽二－一二－二一　郵便番号一一二－八〇〇一
電話　出版　〇三－五三九五－三五〇四
販売　〇三－五三九五－五八一七
業務　〇三－五三九五－三六一五
印刷所　凸版印刷株式会社
製本所　株式会社国宝社

ISBN978-4-06-519941-1